—— 我们的养老院生活 ——

周密 著/绘

上海文艺出版社

序

刚过60岁我就把自己送进了市郊的一家养老院——上海颐和苑老年服务中心。

说是养老院，严格意义上讲这里更像是一个老年社区。各家独门独户，这里有完备的服务内容和生活配套设施，有很大的果园和花园，很适合像我这样喜欢清静，愿意过闲散日子的人居住。

我经常参加苑里举办的活动，和一些长者相处得比较融洽。经过长时间的留意，我对老年人的生活状态和人生心态有了一些了解。

我将自己的感悟写成了下面碎片化的文字。我找不到与它相对应的体裁，因为它既不是话剧剧本，也不是散文，更不像小说。

就叫聊天录吧。

文中所插漫画一部分是拙作《爷孙俩》的续作，另一部分是受本书文字内容的启发而作，它们不完全是对文字的图解，读者尽可抛开文字单独阅读。得益于互联网，部分绘画形象参考了相关资料，在此说明。

文中的人物和故事纯属虚构。

周　密　写于上海颐和苑

2017年7月19日初稿　2022年3月3日二稿

目录

伍月

陆月

柒月

捌月

玖月

拾月

拾壹月

拾贰月

壹月

楔子

幸福养老院某幢333房间住着三位单身老头：丁一行、李进步和尤游。

丁一行曾是某事业单位下面一个部门的办公室主任，退休时享受副处级待遇。李进步在一家中型企业一直做到财务科副科长退休。尤游据他自己说一辈子无固定职业，但又做过很多事情。

李进步和尤游阳历同年，他们今年虚岁七十有六。李进步生于阴历腊月的最后时分，尤游则是在新年的撞钟声中呱呱坠地。按农历算，老李长老尤一岁，然而实际仅相差几十分钟。早出生的老李属鸡，老尤则属狗。丁一行长李进步两岁，属羊。在养老院里他们属于中生代，有比他们年轻的老人，而更多的是比他们更老的老人。

养老院的生活单调、清闲且有规律。三人有事没事就喜欢坐在一起喝茶聊天，加之生活在同一个天花板底下，免不了有些言语上的磕碰。絮絮叨叨、琐琐碎碎、枝枝丫丫、拉拉杂杂，不厌其烦。

下面记录的是他们的部分聊天片段。

去听听三个老家伙的聊天吧。你也可以加入进去，和他们一起聊聊——

【贰月】

过生日

丁一行　明天是大年三十，吃完了年夜饭，我给你俩过生日。

李进步　太好了。还是老大哥想得周到。

尤　游　你还是给老李一个人过吧，我的生日在明年。

丁一行　你俩不就相差几十分钟吗?

尤　游　不。差一分钟也不行。

李进步　这老家伙最难伺候了。

丁一行　那好吧，我们就等新年的钟声，钟声一响你们一起过生日。

李进步　不行。钟声响过，我的生日年也就过去了。我也要在自己的出生年份里过生日。

尤　游　这老家伙也难弄。

丁一行　那好吧，我们掐准时间，零点前为老李庆生，零点后为老尤祝寿。

尤　游　没意见。零点之前我向老李祝寿。

李进步　同意。零点以后我祝老尤生日快乐。

丁一行　唉，我是自找麻烦。

红短裤

李进步　老尤，这是我去年买的红短裤，这条没有穿过。从明天开始是你的本命年，送给你，正好你用得着。

丁一行　本命年着红避邪，很好。不过你老李长得又高又大，老尤长得瘦瘦小小，恐怕他穿不了吧。

李进步　大了好改小，小了就真的没用了。

（李进步把红短裤给尤游）

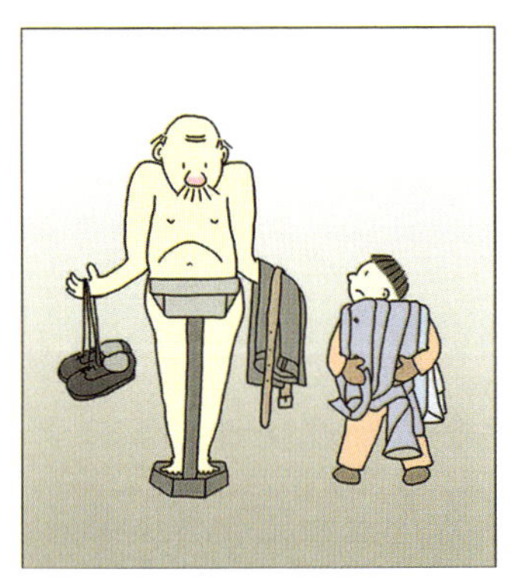

净重

尤　游　啊，好漂亮的红短裤啊。它能驱除邪恶，能给人带来好运。我要大大地提升它的品格，让它不再是一条下贱的短裤。我把它裁开，挂在我们的门楣上，进出门都罩着我们。一条短裤保佑一个老李，一块红幅保佑我们大家。

李进步　你敢！

丁一行　你还是挂在自己的床头吧。

礼物

李进步　老尤，这是我儿子特意关照我送给你的新年礼物。

丁一行　老尤，我女儿也给你带来了点心，请收下。

尤　游　真不好意思。我到养老院这些年，每年过年你们的孩子都给我带礼物。

丁一行　应该的。

李进步　见者有份嘛。

尤　游　唉！有时候养个儿子还真不如伴个好邻居啊。

丁一行　话不能这么说，你儿子不是忙吗?

李进步　就是。

至亲不如近邻

棉裤

尤　游　我儿子确实太忙了。这不，今年过年又到外地出差去了，其实是我坚持不让他来看我的。你们看，这是他前年给我买的老花眼镜，要1000多块呢，这小子还算不错的。

李进步　我儿子给我买的手机，要5000多呐。我儿子也很孝顺。

尤　游　……

李进步　老丁，你女儿就没有给你买过大点的东西吗？

丁一行　不需要。她平时会经常给我送些生活的必需品。倒是我女婿挺大方的，在我70岁做寿时送了这块腕表。

李进步　这么厚的手表，别是冒牌货吧？

丁一行　冒牌的？要2万多呢，正规表店，有发票的。

李进步　哇！看来还是你的孩子最孝顺。

丁一行　孝顺不孝顺不能用送的东西值多少钱来衡量。我女婿与我又没有血缘关系，他还不是看在我女儿的份上送我手表的。

尤　游　哎，都说女儿是小棉袄，要我说你的女婿就是大棉裤。谁叫我和老李都没有“棉裤”呢。

李进步　就是。

丁一行　自家的小棉袄穿在身上暖和、牢靠。我的这条棉裤啊，它没有裤腰带，随时都有可能会掉下来。

李进步　这个怎么讲？

丁一行　这裤子口袋里面装的东西太多，老沉，总爱往下坠，得不时用手提着。

尤　游　口袋里装的东西多了，裤子累；脑袋里的欲望多了，人累。

别听他的

李进步　老丁，当初你和女儿女婿住在一起有多好，租掉了自己的房子用来补贴孩子，又有住家保姆照顾。

丁一行　哎，问题就是出在那个小保姆身上。

李进步　她做事不好？

丁一行　是太好了。菜烧得好，干活干净利落，还巴结得很呢。

李进步　那不是很好吗?

丁一行　可我女婿不放心啊，老是拿防贼的眼光看她，也不和我商量就把她辞退了。我不愿意每天看到他那副阴阳怪气的样子，就来和你们做伴了。

李进步　小保姆手脚不干净?

丁一行　没有。

李进步　那为什么?

丁一行　我哪知道啊。

尤　游　我知道，你女婿那是提防着你。

丁一行　我有什么好防的?

尤　游　我问你，你家小保姆漂亮不漂亮?

丁一行　反正不难看。

尤　游　就是嘛。

李进步　什么意思?

尤　游　没什么意思。

丁一行　你别听他的。

孝顺

丁一行　孩子怎样做才算孝顺?

李进步　能经常买些东西来看我就算孝顺了。

尤　游　心里常常惦记着长辈也是孝顺。

丁一行　老李太实，老尤太虚。要我说，当父母需要时，肯牺牲自己的时间，把全部精力都花在父母的身上，把父母照顾好，那才算是真正的孝顺。

李进步　有道理。

尤　游　当年你们肯不顾自己的孩子和老婆，不顾事业，把全部的时间和精力都花在父母的身上？我们自己做不到，还要要求孩子？

小子有心

大蒜

尤　游　腊八蒜做好了，都来尝尝。

丁一行　（欣赏）碧绿碧绿的像翡翠，真漂亮，给我来一粒。

李进步　不许吃！整个房间臭烘烘的。

尤　游　大蒜香。

李进步　大蒜臭。

尤　游　嫌臭你不要吃，我和老丁吃。

李进步　你们要是敢吃，我就在房间里抽烟。

尤　游　室内抽烟违规、违法。

李进步　你们吃大蒜影响到我的生存质量，也违法。

尤　游　吃大蒜有利于健康。

李进步　我抽烟是为了中和你们排出的臭味。

尤　游　你尽管抽吧，我又不怕。

丁一行　算了算了，等以后找机会我们再吃。

尤　游　和他住一屋连大蒜也吃不成。真没劲。

丁一行　住在一个屋子里得相互顺应着，否则大家都不顺溜。

免费

李进步　这三天元宵节灯会免费开放，到后天就要买门票了，赶今天一起去玩玩吧。

丁一行　好呀。

尤　游　我不去。

李进步　不花钱干嘛不去？

尤　游　你是“十处打锣九处在”。现在的老人，哪里有便宜沾就往哪里钻。我敢保证，热衷于免费游园逛灯会的大多是像你们这样的老头老太。

李进步　我们这些靠退休金过日子的，有免费参观不去，难道要等收费再去啊？

尤　游　阎王殿不收门票你快去啊。

习惯插队

和谁比

李进步 老丁，我们从企业退休的人样样都不如你们事业单位。退休金少不说，看病还要多花钱，节假日的各种慰问品和福利也要少很多。

丁一行 比起公务员我们这些又算得了什么？

李进步 不过我们比老尤还是要好些，至少我们还有个单位可以依靠依靠。

丁一行 老尤你也真是的，混了一辈子，也没个单位。

尤　游 这点我确实比不了你们。你们有单位可以依靠，可我有国家啊。要是论自由你们谁也比不了我。

丁一行 老尤，你说过你做过很多事情，具体做了些什么，说来听听嘛。

尤　游 以后再找机会聊吧。

李进步 应该说老尤比我们也不会差到哪里去，否则我们也不会住到同一个屋檐下的。

尤　游 园丁刘师傅的年龄和我们相差无几。无论骄阳酷暑还是雨雪天气，他都要待在室外侍弄院子里的花花草草，为的就是赚取每月不高的薪资来养活生活在外地的一大家子。我们每月拿着固定的退休金，坐在这里喝着上好的龙井茶海阔天空。这种日子他连想都不敢去想。

丁一行　还是老尤的心态好。

李进步　人比人气死人。

尤　游　那要看你和谁比。

大与小

二百五

丁一行　老李，你买这么多鞋子干嘛？

李进步　这么漂亮的鞋子，网上只卖 50 块。我买了 5 双，只花了我 250 块钱。

丁一行　也太多了吧？

李进步　不多。一天一颜色，每天换心情。

丁一行　这个想法倒也不错。

（李进步把鞋子往尤游的鞋柜里放）

尤　游　老李，你这是干什么？

李进步　反正你的柜子空着也是空着，这两双暂存。当然，你如有需要请随意。

丁一行　废话，你的鞋那么大，他又穿不了。

尤　游　那就——随意吧。

（过了一些日子）

李进步　老尤，我放你鞋柜里的鞋呢？

尤　游　301 室的老胡买鞋子买小了，我用两双换了他的一双。（抬起脚上的新鞋子）他这双鞋买来 90 块钱，我穿着还不错吧？

李进步　你怎么可以自说自话拿我的东西去和别人交换？

尤　游　老丁，你给评评理。

丁一行　这你就怪不得老尤了。你说过的，“你如有需要请随意”。君子一言，驷马难追。你就认了吧。

尤　游　喏，鞋柜里那十块钱是老胡找给你的，还有他的卖鞋发票。拿去吧，你这不还赚了呢。

李进步　玩不过你。

丁一行　够二百五了。

丢失

尤　游　好多年前，我在马路上遇见当年打越战时的战友，他是友邻部队的卫生兵，在一次战斗中救助过我们的伤员。

李进步 他现在过得很好吧？

尤　游 不好。当交通协管员，举着小旗在刺骨的寒风中维持交通秩序。见到我他很兴奋，双手紧紧拉住我的手，好像有很多话要说。那时我还没戒烟，掏烟想请他抽，可他执意要我抽他的烟，还说他的烟不好，我抽了就是看得起他。

李进步 你抽了？

尤　游 那当然。因为当时我还有事就没有多聊，抽完那支烟，我向他告别，他显得有点失望的样子。我把整包烟留给他，他要拒绝，我说那就是看不起我，他就收下了。

丁一行 这些人过得很艰苦。

尤　游 后来我专门去那个路口找过他，他不在，别人也不知道他在哪里。我至今后悔当时没有留下他的联系方式。

李进步 从前各家也都没有电话，更别谈手机了。有时候随手抄写的联系方式，稍稍不重视就遗失了。

丁一行 是的。年轻时各人忙东忙西只顾工作和生存，现在老了，再想把一些东西续起来，可因为当时的轻慢和随意，找不着了。永远也不会再来了！

尤　游 人啊，拥有时不懂得珍惜，失去了才知道重要。

小心没大错

李进步 今天又是情人节，现在洋节太多，总有那么一些人就喜欢跟在老外的屁股后面颠。也不去想想，这情人节到底提倡和宣扬的是些什么东西。

丁一行 我看挺好，多一些节日多一些喜庆。

李进步 喜庆？看着你们傻呵呵过节的样子，老外比你们更高兴。

丁一行 哦，你不高兴是因为有人让老外高兴了。

李进步 崇洋媚外。

丁一行 不能这样说吧，电视里播放老外喜气洋洋过中国春节的节目，我看你不是自豪得不得了吗？

李进步 因为我是中国人嘛，当然要为自己的节日自豪啦。

丁一行 那你为什么不穿马褂长袍，还整天套着洋服到处显摆？

李进步 我们说的不是一回事。

尤　游 别争啦。情人节老李没殷勤可献，失落的心情我们可以理解。

李进步 我老头子一个，还用向谁献殷勤？我是担心老是这样下去传统文化会失落，传统道德精神会丢失。

尤　游 那你未免太小看我们中国人的免疫力了。

李进步 小心总没大错吧。

尤　游　自由开放的心态，形成对他人文化的尊重心态，也是对自己文化的自信。你立场错了，再小心也没有用的。

自嗨

尤　游　一味地排斥西方文化，是对自己的文化没有自信力的表现。

李进步　中国有5000年悠久的灿烂文化，我们还会不自信？笑话！我们的老祖宗搞四大发明的时候西方还在茹毛饮血呢。

尤　游　老是讲"四大发明"没用。现代科技我们远远落后于人家，这些年才在奋起直追。

李进步　我们还有"新四大发明"。

丁一行　什么"新四大发明"？

李进步　高铁、网购、二维码、共享单车是我们中国的"新四大发明"。

丁一行　确实了不起。

尤　游　信息闭塞就开启想象之窗。告诉你们：日本55年前就发明了高铁，1994年发明了二维码；荷兰1965年创造了共享单车；美国创造了互联网，早我们几年就有了网购。许多人在吹嘘中国的"新四大发明"时，还不忘鄙视一下纽约的破旧地铁，殊不知，纽约地铁已经有130多年的历史了！

丁一行　是吗？我还真以为这些都是我们的发明呢。

李进步　对我们国家的进步不允许抹杀。

尤　游　这些年中国的进步和发展谁也抹杀不了。我们拥有全世界最长的高铁；拥有全世界最大的互联网；拥有全世界最多的共享单车；拥有使用二维码最多的人口。但是我们还是应该看到与发达国家的差距。不可以自嗨。

丁一行　看到了差距，才会有追赶的目标嘛。

井里有蛙

粉丝

尤　游　你们知道“粉丝”的意思吗？

丁一行　当然知道。有一次去机场接站，见到一大堆女孩子，个个手捧鲜花也在接站，见到她们的偶像出现时，那个激动啊，大呼小叫，没个样子。旁人告诉我，这些女孩子是那位男明星的“粉丝”。当时还搞不懂为什么要叫“粉丝”，后来才知道，这是英文的谐音，意为“追星族”。

李进步　现在又衍生出“粉圈”“饭团”来。这不光是一种社会现象，已经成为庞大的经济产业了。我们这些老头子看都看不懂，别说跟上去了。

尤　游　你们怎么看待这种现象？

丁一行　如果是我的孩子，我绝对不允许他们那样做。

李进步　要是我的孩子，先什么也不说，抽他一巴掌，让他知道我对这件事情的厌恶程度。

尤　游　我们从来就没有做过“粉丝”？

李进步　从来没有。我对那些所谓的明星从来就不感兴趣。

丁一行　我……应该算有过，不过不是文体明星。

尤　游　每个时代有每个时代的“明星”。谁敢说自己从来也没有狂热过？

丁一行　我知道你说的是非常时期所表现出来的特有的幼稚，那个与现在的“粉丝”还是有本质区别的。

尤　游　它们的本质是相通的。在我看来全都是由心智不全造成的。

李进步　那时候我们太年轻了。随着年纪一天天变老，见过的东西多了，苦头也都吃过了，现在我们不会再盲目跟风了。

尤　游　心智不全就是脑残。脑残与年龄无关，老了也一样。

名门之家

扯淡

尤　游　如果可以选择，现在让你们在官员和财主中间二选一，你们是更愿意当官呢，还是更愿意有钱？

丁一行　我选当官。当官的有职有权，受人景仰。

李进步　我选财主。财主不用为钱发愁，想要什么就有什么。

丁一行　有权，想断谁的财路就断谁的财路。

李进步 有钱能使鬼推磨。

尤　游 当官的不敢明着弄钱，有钱的受掣于权力，其实都挺难的。

李进步 看来还是我们老百姓活得最轻松。

丁一行 不用在权力和金钱里面挣扎。

尤　游 呸，没权没钱还活得轻松？扯淡！

无所依靠

#【叁月】

挂果

尤　游　春天是情思萌动的季节，可惜我们人生的春天已经不在了。

丁一行　不，你老尤可是老树新枝年年发啊。

尤　游　好。借你的吉言，我可要去觅得红颜度良宵啦！

李进步　就不知挂不挂得住果。

病理相通

李进步　坐在餐厅角落的那位女士从不搭理人。

丁一行　她退休前是一家市级医院的小儿科主任医生。

李进步　都进养老院了还有什么可傲慢的?

尤　游　你们又没有和她打过交道，怎么就断定人家傲慢呢?

丁一行　老李曾经想和她搭讪，吃了闭门羹。

尤　游　不会吧。

李进步　你不想试试?

丁一行　算了吧，别弄得下不了台。

李进步　你要真有本事，现在就过去会会她?

尤　游　很难吗?不会吧。

李进步　那你就试试嘛。

尤　游　好吧，你们看我的。

（尤游走到女士桌前）

李进步　哈哈，老尤要难堪了。

丁一行　你也真是的，他难堪我们有面子吗?

（尤游坐到女士桌前）

李进步　他们聊上了。

丁一行　好像还很投缘的样子。

（过了好一会儿，尤游得意地走回来）

李进步　老尤，你倒是蛮有本事的，我想和她聊聊，她理都不理，还用斜眼乜我；你怎么就让她搭理你了呢?

尤　游　你心术不正，被人一眼望穿。

李进步　没有心术不正。我只是想和她互相认识认识，彼此有个了解，或许将来……

尤　游　你一厢情愿不说，还过于鲁莽。而我呢，是“知己知彼，百战不殆”：她是医生，我是“病人”。病人咨询医生，问题就这么简单。

丁一行　小儿科?

尤　游　小孩、老人病理相通。从今天起，睡觉和你们一屋，吃饭和她一桌。

老陈醋

尤　游　老李：借个衣架我用用。

李进步　我没有，你去问医生借嘛。

尤　游　小气。老丁，借我衣架用用。

丁一行　我又不是儿科大夫。

尤　游　呵呵，醋坛打翻了，一屋子酸味。

鱼好

（尤游看李进步床头他妻子的照片）

尤　游　老李，你老婆的照片拍得挺漂亮。

丁一行　老李的爱人是漂亮。

尤　游　不过，照片漂亮本人不一定就真漂亮哦。

丁一行　这倒也是。

尤　游　现在图片处理很是厉害。前些年有人给我介绍女朋友，看照片还不错，后来见到真人，呵呵。

李进步　我不敢说我老婆是绝色美人，但在我家弄堂和单位里那绝对是数一数二的。

丁一行　俗话说："老婆是别人的好，文章是自己的高"。你能这么评价自己的老婆，看来那是真的漂亮。

李进步　她还不算什么？在我老婆前面还有一位，是我的大学同学，那是真正真正的漂亮（陶醉）……唉！

丁一行　老李蛮有女人缘的。

尤　游　有一次我钓鱼，老半天才钓到几条二三两的小鲫鱼，唯独跑掉的那条最大，估摸有五斤多，还是一条翘嘴鱼呢。

（注：翘嘴鱼长不到那么大，显然是夸张）

丁一行　没钓到大鱼是老尤你使用的鱼钩太小。

尤　游　没错，没有级别，人家不上钩。还是老李不简单，钓到那么好的鱼。

李进步　哪里哪里。

丁一行　我看主要还是老李鱼饵用得好。

李进步　不。是鱼好，是鱼好！

被钓

婚姻

丁一行 我和妻子结婚奉父母之命、媒妁之言。

李进步 我和夫人相爱缘青梅竹马、寒门同窗。

尤　游 我和老婆结合是一见钟情、快速升温。

李进步 婚姻存续期间你们有没有过外遇?

丁一行 这个问题你问得实在太唐突了。

李进步 我们在一起生活了那么长的时间,彼此不讲究,我怎么想就怎么问。

尤　游 还是先说说你自己吧。

丁一行 对。

李进步 我可以拍着胸脯自豪地说:我这辈子,从来没有和我老婆以外的其他女人有过染。

尤　游　没有女人勾过你，你也没有动过其他女人的心？

李进步　有过，都有过。

丁一行　不简单，坐怀不乱。

李进步　也不是，我是有心无力。

丁一行　这话怎么说？

李进步　我的所有收入都被老婆控制着，动一块钱她都知道。你们知道的，男人没钱就像鸟儿被折断了翅膀，飞不起来。

尤　游　你老婆有手段，厉害。

李进步　你们呢？

尤　游　老丁说。

丁一行　嗯，算是有过，不过没有让事态发展下去，控制住了。

尤　游　玩了人家，又把人家甩了，最坏。

丁一行　激情是互相的，理智是互相的，美好的回忆也是互相的。

尤　游　晚年的失落也是互相的。

李进步　有诗的境界。该老尤说了。

尤　游　我没有你们那么浪漫，在我身上从来都没有“互相”过。

丁一行　鬼才相信。

李进步　依我看，你一定是外面彩旗乱飘，否则家中的那面红旗怎么会倒呢？

丁一行　哈哈哈。

尤　游　嘿嘿。

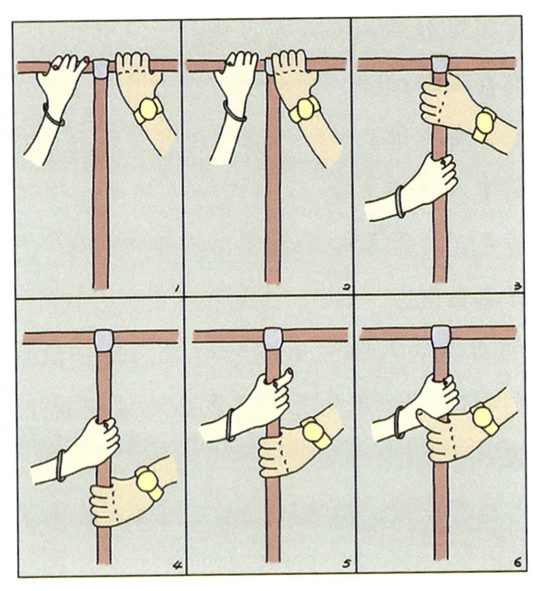

恋爱经过

附魂

丁一行　今天植树节，别人种树，你老李倒好，在花盆里种葱。

李进步　树是种不动了，就种几根葱聊表心意吧。

尤　游　猪鼻子插大葱——装象（像）。

李进步　像不像我不管，总比只会说，什么都不做要好。

丁一行　说的有道理。待会儿我去厨房弄几瓣大蒜来种。

尤　游　装蒜？

丁一行　对，装个蒜。

李进步　老尤你既不装大象也不装大蒜。不过，你去年植树节种的那棵香椿树这一年还长了不少呢。

尤　游　这树长得比人快，去年种的时候只有拇指粗细，今年已经有酒杯粗，窜了有半米多高呢。

李进步　我看你常给它施肥、除草，花了不少功夫去侍弄呢。

尤　游　树和人一样，你关心它它就长得好。再过几年它就会长成大树，等到若干年之后，我不在了，它还在，我会把灵魂附在它的身上，看着这世道的变迁。

代表

丁一行　我刚在院里开完会，我们养老院要成立老人委员会，让我们这些住养老人以民主的方式参与到养老院的管理工作中去。

李进步　挺好的。

尤　游　民主好。

丁一行　要求每幢楼出一位代表，各位代表以无记名方式选出老人委员会的委员和主任。院里指定本楼由我来代表，其他房间都同意了，我想你们二位也是不会有意见的吧?

李进步　我没有意见。

尤　游　为什么要他们指定呢，我们不可以自己讨论决定让谁当代表吗?

丁一行　这是一个吃力不讨好的活，如果你愿意做我和院里说去。

尤　游　老丁你可以代表我，老李也可以代表我，但是必须要能够准确表达我的意愿。在这个世界上唯一不用授权就可以代表我的人，只有我的母亲!

孙荣爷贵

合适

尤　游　其实让老丁当代表我觉得挺合适的：他识大体，顾大局，有想法，有经验。相信在他的参与下，养老院会办得越来越好。

李进步　是的。

丁一行　你是夸奖我，还是讽刺我?

尤　游　在这种正经事面前我不正经过吗?

李进步　正经不正经只有你自己知道。

尤　游　假如老李当就不合适了：他太迂腐，太计较，太保守。要是他当代表这养老院就不会有希望了。

丁一行　可不能这么说。

李进步　老尤说得没大错，我是没有这个能力，也没有当这个代表的愿望，我更不稀罕当你老尤的代表。不过话说回来，我看你老尤当代表倒很合适的：你馊主意多，坏点子多，一锅米不用熬，让你搅和搅和就变成浆糊了。

尤　游　因此说，我们养老院领导还是很有水平的，挑选出老丁来当我们大家的代表。

共生关系

尤　游　老李你昨晚是怎么搞的，一夜都没有磨牙?害得我一个晚上都没睡着。

李进步　都怪老丁，他整个晚上都没有打呼噜，听不到他的呼噜声我怎么睡得着呢?

丁一行　怎么能怪我呢，我躺在床上就等着老尤说梦话，等啊等啊，一直熬到天亮，他连一句梦话都没说。听不到他说梦话我也睡不着呀。

李进步　这叫互为因果。我们之间是共生关系。缘分呀。

驴舍

李进步　老尤，你看见我的手机没有？

尤　游　你怎么没了东西就问我？奇了怪了。

李进步　还有谁会拿啊？

丁一行　我打一下你的手机不就知道了。

（手机响）

李进步　哟，在我裤子口袋里。奇怪，我刚才摸过口袋呀，怎么没找着？唉，真老了。刚才看老尤拿着手机，我还以为……

尤　游　你就是骑驴找驴的一头驴。

李进步　你怎么出口伤人？

尤　游　你就是驴。

李进步　你才是驴。

尤　游　你是。

李进步　我受不了你，我不想和你住一屋，请你搬出去。

尤　游　我不搬，要搬你搬。

李进步　你搬。

尤　游　你搬。

丁一行　还是我搬出去吧？

李进步 不行，让他搬出去。

尤　游 对，你不要搬。

丁一行 那你为什么说他是驴呢？

尤　游 我这不是比喻嘛。

李进步 有你这么比喻的吗？

丁一行 其实老尤说得也没错。他说你是驴，我们同住在一个屋子里，他和我也都是驴。我们三头老驴同住在333室这间驴舍（旅社）——人生的最后的客栈。还不知道安分。

糊涂

丁一行 年纪大了爱犯糊涂。我有一次出门忘了带家门钥匙，走到楼底下又赶紧返回家找。从挎包里拿出钥匙打开家门，竟然想不起回来干嘛。

李进步 没比我更糊涂的。量体温没找到酒精棉，我就用开水消毒，结果可想而知，砰——爆了。

尤　游 我更夸张。有一次去参加婚宴，把二下的时间搞错了，结果跑到了殡仪馆。

丁一行 所以，我们一群老糊涂，遇到问题要多从自身找找原因，行为处事不要太认真。当然，糊涂也有糊涂的好处，就是活得轻松了。

偷梁换柱

月票

尤　游　我讲一个很多年前遇到的事情。那还是在使用公交月票的年代。这天，公共汽车靠站，上来一位颤颤巍巍的老太太。老太太把手中的月票朝售票员亮了一下就找座位坐下了。售票员想，年纪这么大的老人，一个月能坐几次车？她怎么舍得买月票？

李进步　当年6元一张的月票，对普通人来说不便宜。

尤　游　售票员就来到老太太身旁，请老太太出示月票看看。老太太也不含糊，把月票从小布袋里掏出来亮在售票员眼前。

丁一行　应该没问题吧？

尤　游　月票上是一位男青年的照片。售票员就问老太太，这是谁的月票。

李进步　看老太太怎么说。

尤　游　老太太理直气壮地说，这是他孙子的月票。售票员就问她，怎么可以拿孙子的月票来乘公交车呢？

丁一行　老太太理屈词穷了？

尤　游　一听售票员的问话，老太太立马发火了。她说：这个宝贝孙子是我一把屎一把尿养大的。平时吃我的、穿我的、住我的。我今天用他一张月票怎么啦？

李进步　她以为月票是可以共享的。

尤　游　售票员见说不明白，就问她乘车是去哪里。老太太说，孙子去外地出差了。她看见这张月票放在家里不用，怪可惜的。她也不知道这是要去哪里，只是不想让这张月票放在家里白白浪费了。

丁一行　那个年代，一张月票横亘在老太太的面前，她完全弄不明白其中的奥秘和关系。时代在发展，一代代的老人面前都会不断出现琢磨不透的“月票”，例如健康码、APP等，让我们难以适从。

尤　游　现在的年轻人也会有老了的一天，到那时候，出现在他们眼前的还不知道会是一张张什么样的“月票”呢？

【肆月】

扫墓

丁一行 老李，清明给太太扫墓，这么早就回来啦？

李进步 早去早回。

丁一行 你们几点钟出发的？

李进步 四点出发，七点返回。

尤　游 要那么早吗？

李进步 我儿子也这么说，是我坚持要早走。

尤　游 占我便宜啊？

李进步 没有啊。回来时对面出城高速路堵了至少七八公里，看他们像蜗牛似的慢慢爬，我们一路飞畅，心霾尽散。

丁一行 很多人宁愿被堵大半天也不愿意放弃多睡几小时的好觉。

李进步 就是。

尤　游　不能这么说，要是大家都和老李想的一样早起早走，结果就是早早被堵。世事难料啊。

今日有雨

级别

李进步　我和老伴买了合葬墓，将来永远在一起。

丁一行　墓地多大面积？

李进步　我还能有多大，一平方米还不到。老丁你买了吗？

丁一行　我还没考虑好。

李进步　你的级别比我高，墓地也要买大一点。

丁一行　有你这样攀比的吗？

李进步　不是攀比，是事实。现在墓地的价格涨得比房价快，越来越买不起了。老尤，你还不早点做准备？

尤　游　我无级无别，看来是死无葬身之地啊。

信

李进步　每年祭扫亡妻，我都要烧上一叠纸钱心里才算踏实。

丁一行　我年轻时不信，现在年纪大了，看到的事情多了，反倒有些信了。

李进步　就是。因为冥冥中有一些现象是如此巧合，你无法用科学原理来解释。例如，去年我妻子的忌日，我的电子手表突然就没电了，不早不晚，时针就停在她去世的时辰，前后相差不到10分钟。

丁一行　我老父亲走的第二天，有一只蝴蝶飞到灵桌上供奉的父亲遗像的相框上。我们将它赶了出去。不可思议的是，第二年的这一天，父亲周年祭，又有一只蝴蝶飞了进来，而且就停在老地方。我想去赶它，被母亲劝阻。她说，也许这是你父亲的亡灵来看我们了。

尤　游　我相信这是事实，但我更相信这是巧合。

李进步　我看老尤你这个人，整天口无遮拦、神撞鬼撞的，就是一个没有信仰、没有敬畏之心的人。

尤　游　此话差矣。信仰供奉在我的胸中。心存敬畏、洁身自好、不负社稷，根本不需要向任何人和物膜拜，我就是自己灵魂的守护者。

不优雅

尤　游　（看着手机信息）这个问题有点意思：“在生命的最后时光，你设计自己如何最浪漫、最优雅地死去”。

……

尤　游　一个很沉重的话题，看来你们不想回答。

李进步　好吧，我说。我痛饮世界上最好的烈酒，在醉梦中死去。不知不觉没有痛苦。

尤　游　梦生醉死。

丁一行　我聆听贝多芬的《田园》，让心安安静静地睡去。

尤　游　笙歌伴死。

丁一行　你老尤又准备如何优雅、浪漫地死去？

李进步　我也很想知道老尤的高见。

尤　游　在我要死还没死的时候，乘飞机飞上万米高空，然后赤裸着身子被人向外一推，我舒展四肢，飞啊，飞啊……在要到达地面还没有到达的那一刻，灵魂“嘭”地升上天堂。

李进步　摔成肉饼。

尤　游　没有痛苦。

丁一行　确实“浪漫”，但不优雅。

子弹

尤　游　这里还有一个问题：当你被疾病折磨得将死时，你手里有一把手枪和一粒子弹，你会干嘛?

李进步　我把枪交给孩子，让他替我去消灭仇人。

尤　游　播撒仇恨的种子。不好。

丁一行　我也把枪交给孩子，让她保护自己。

尤　游　缺乏安全感。也不好。你们不想知道我的想法吗?

丁一行　我知道你想干吗。

李进步　你还能怎么样——自决。

……

尤　游　不。我把子弹射向天空，让枪膛里不再有子弹。

解放

尤　游　我把老秦给解放了。

李进步 你怎么解放他了？

尤　游 你们没有发现他的发型变了？

丁一行 不就剃了个光头吗。

李进步 老秦原来的发型挺好的，现在把头发剃光了，让人看着不习惯。他这是赶时髦。

丁一行 也好，光头好打理。

尤　游 你们真的不知道老秦原来就没有多少头发？

李进步 他没有头发？不会吧。

尤　游 没有头发的。告诉你们，我老早就看出来了他戴假发。我一直都没有戳穿他。

丁一行 他那是假发？

尤　游 正是。

丁一行 哟，太逼真了，我一点也看不出来。

尤　游 他也自以为别人看不出来，还一直努力维护着自己的形象，直到这次我把他"揪出来"。

李进步 揪出来？

尤　游 那天我去他房间，敲门，老半天里面有应声就是不开门。

李进步 可能在厕所？

丁一行 也许有其他的不方便。

尤　游 我听出来，他人在门的附近，就是磨磨蹭蹭不开门。后来门终于打开了，他有点不好意思。我看他有点狼狈的样子，心想干脆趁机揭掉他的"伪装"吧，省得我看着他也不自在。

李进步 你怎么就不自在了？

尤　游 看不清一个人的“真相”你能自在？

丁一行 后来呢？

尤　游 我说你在找东西吧？他说没有。我说你戴歪了。他问我什么东西戴歪了？我说“帽子”。他立刻涨红了脸问我是怎么看出来的？我说全世界的人都看出来了，只有你自己被自己蒙在鼓里。他不言语了。

李进步 你这个人最促狭，他以后会记恨你的。

丁一行 他和老尤关系好，不会恨他的。不过当时他肯定很尴尬。

尤　游 他告诉我，这个假发是他花了好多钱专门请一位高级技师手工定制的，所选材料都是真人的头发。考究的是那些头发的发质和原始色调与他本人的头发极其接近。他一直以为别人是发现不了的，没想到被我看出了破绽。

丁一行 我们确实都没发现。

李进步 老尤的嘴巴毒，眼睛更毒。

尤　游 假发刚做好，老秦也不常戴，只在重要的场合用来装饰一下自己，全程戴假发是进了养老院之后。来到养老院戴了几天，他就发现脱不了了，因为原先不认识的人现在都已经认定了他的特有形象。再后来他想等到天气热一些再脱去，可是拖的时间越久他就越没有了脱下来的勇气。

丁一行　大热天，一头假发捂着脑袋的感觉不好受。

尤　游　老秦说他和这个假发已经缠斗很久了，如今终于可以解脱了。他如释重负，摘下假发扔到一边，说从此与它拜拜了。

李进步　至于吗？不就一副假发，想戴就戴，不想戴就不戴。

丁一行　确实没有那么简单。我们常常也会极力去维持一些表象的、毫无意义的东西，生怕一旦改变了，会给别人留下不好的印象。

尤　游　这就是人活得累的原因：太多的情感包袱、太多的习惯羁绊。现在我把老秦给解放了，他对我还感激不尽呢。

丁一行　有了一个台阶，顺势就下来，这老秦也是个明理之人。

还我爷爷

下辈子

丁一行　（手拿报名表）养老院兴趣小组报名，欢迎大家踊跃参加。

李进步　让我看看。哟，还不少花样呢。桥牌、书画、唱歌、太极拳、摄影……太多的组。我还是先报名麻将、书画、摄影和桌球组。你们报名哪样？

丁一行　我参加时事读书组和门球组。老尤你呢？

尤　游　（乜一眼报名表）恐怕没有我需要的。

丁一行　你需要什么？

尤　游　跳伞、拳击、骑马、射击、喝酒……

李进步　还有女人。

尤　游　知我者老李也。

丁一行　等下辈子吧。

酷兮裤子

马赛克

李进步　电视购物节目推出一款化妆品，说是可以消除皱纹，也不知道灵不灵。

尤　游　你想干嘛？

丁一行　化妆品是给女人用的，恐怕对你不管用。

李进步　真的一点也不管用吗？

（李进步让大家看他的脸）

丁一行　你买啦？

李进步 我按照说明书上教的方法已经用了一个多星期了，难道就没有一点效果吗？

（丁一行仔细端详着李进步的脸）

丁一行 你不说感觉不到，仔细瞧瞧好像还有点作用。

尤　游 你这是老黄瓜刷绿漆——

李进步 怎么讲？

尤　游 装嫩。

丁一行 不能这么说，爱美之心人皆有之。

尤　游 你不如去做个拉皮，彻底解决问题。

李进步 拉完皮脸上溜光溜光的，看着可碜人呢，不行。

尤　游 你让管家把镜子拆掉，看不见也就无所谓了。

李进步 自己看不见，别人还看不见？

丁一行 那就在脸上打马赛克，别让人认出来你是谁来。

尤　游 他还用打？满脸的褶皱——纯天然的马赛克。

打扮

丁一行 老李，你在卫生间这么长的时间，磨蹭什么呢？

（李进步穿戴整齐从卫生间出来）

丁一行 哇，你这是要上哪去，打扮得这么正式？

李进步 今天大学同学聚会。你们看我穿这套衣服还行吗？

丁一行　挺好的。不过，看着有点不习惯。

尤　游　过于正式。像去相亲。不好。

丁一行　你换一根颜色的领带试试。

（李进步换领带）

李进步　这根怎么样？

尤　游　不好。还是不用系领带，反而显得潇洒。

（李进步拿掉领带）

丁一行　这样好多了。不过你的这身成套西装，不扎领带又显得不伦不类。你还是换上你的那件藏青西便装吧，下面配条米色西裤和黑皮鞋。好多明星都是这么穿戴的。

尤　游　学明星学不像，反而弄巧成拙。你穿老丁的那件中式罩衫试试，也许会出彩。老丁把你的名牌手表给他戴上……把袖子卷高一些，露出一点点手表。

（李进步打扮停当）

尤　游　哈哈……

丁一行　面貌一新。还行。

尤　游　同学中来了一位旧社会的大亨。

李进步　算了算了，我还是穿平时爱穿的衣服吧，自然些。

尤　游　对呀。你穿着舒服，我们看着也舒服。

做客

女神

李进步　（怅然若失的样子）今天我见到大学的那位女同学了。

丁一行　哪一位？

李进步　还能有谁啊？

尤　游　噢，是不是那条跑掉的美人鱼？哈哈，眼睛都发亮了。重叙旧情啦？

李进步　其实我俩从来就没有谈过恋爱，只是我暗地里喜欢她，把她视作心中的女神。

尤　游　单恋也是恋，很好呀。

丁一行　还漂亮吗？恐怕让你失望了吧？

李进步　岁月刀子对她居然那么温柔和在意，把她的形象和性格雕刻得更加妩媚动人，太完美了。

尤　游　你还发什么呆嘛，主动出击。

李进步　唉，人家现在的家庭生活很美满。

尤　游　完了，又失恋了。

丁一行　其实每个男人的心里都有自己的女神。

尤　游　想追又追不着的才是女神，一旦得到了就是女人。

单相思

搞不过

丁一行　院里打算从老白和老李之间竞选出一个人负责会所的

墙报工作。

尤　游　老李，这次你一定要争取。你文字好，还会画几笔，我们支持你。

李进步　我当然要争取，要不然还真还以为我李进步在养老院是个无用之人呢。

（过了一些日子）

丁一行　墙报主编定下来了。

李进步　不会是我吧？

丁一行　你猜得没错，内定老白了。

李进步　就让我猜到了。说好竞选，最后又是喇叭腔。

尤　游　你还认真了，不就是个养老院编墙报的吗？

李进步　民主，这是个原则问题。大家比本事，谁有能力谁当主编，竞选最公正。没有那么容易，这次我一定要争取到底的！

（又过了一些日子）

丁一行　老李，告诉你一个好消息，墙报主编决定让你来当啦。

李进步　不竞选啦？

丁一行　领导说，为了搞好墙报工作，特成立墙报编辑委员会。每一栋楼出一位编委，老白任编委会主任，老李你任主编。实行主任领导下的主编负责制。

尤　游　相当于在董事会领导下的总经理负责制。哈哈。

李进步　唉，总归搞不过他们。

胜出

虚拟

李进步 一幢楼出一个编委就是7、8个编委。加上主编、执行主编、常务副主编以及副主编。养老院小小的墙报编辑部就有领导十几个人。真是虱子多了不痒，主编多了无主。至于吗？

丁一行 至于啊。大家轮流坐庄，都有事情干。人多主意多。

李进步 光是开会讨论就有扯不完的皮。

尤　游 这就是养老院领导的高明之处。你们说老人闲着没事做？我就找事情给你事情做。你对什么有兴趣，只要提出来并且愿意承担一点责任，我就让你拉起一个组，给你一个组长头衔。一个兴趣小组一个组长加几个副组长，还有指导和顾问什么的，老有所为大家为。反正义用不着开销工资和奖金，何乐而不为呢？

李进步 这么多“当官的”，事情能干好吗？

丁一行 你还想做出什么丰功伟业？

尤　游 你们看到隔壁那个干阿姨打毛线吗？打了拆，拆了又重新打，都打了几年了，也没有打出什么东西来。养老院让老人做的事情，就像干阿姨打毛线，就是为了满足你们的兴趣，不为出什么成果。你喜欢当领导就给你一个职务，你愿意做事，就给你一个任务，要不叫什么“兴趣小组”。

李进步 这么看来，这些个兴趣小组就相当于电子游戏中的“虚拟社会”，没有实际的社会功能。

丁一行 既然如此，还有那么多人抢着要当什么领导，有意义吗！

尤　游 实际上所谓的“人生意义”，与虚拟社会也没有太大的不同。一辈子忙忙碌碌、争强好胜、潮起潮落，到头来也终归“虚拟”了一场。

种地

丁一行 说起争强好胜，大王和老林争得最有意思。

尤　游 怎么有意思啦？

李进步 老林和大王是两所大学的篮球队主教练，他们在球场上是对手，在球场下是好友，两家结伴进的养老院。他们都领了一块菜地，两家的地连在一起。

尤　游　养老院劈了一块地，分割成很多小块，有兴趣的老人可以领一份，种了玩。

李进步　我们三个都没有领。

丁一行　我在干校那么些年种地还没种够啊。

尤　游　我当兵时也种过地，没兴趣了。

李进步　我是连盆花也种不好，更别说种菜了。

丁一行　大王向老林下了战书，比比谁的地种得好。

尤　游　把菜地当成球场了。

丁一行　两个人从前都没有摸过锄头，对农耕没有经验，但是他们对自己的学习能力都有信心，都想比对方种得好。

李进步　这个没法比，你种青菜，他种萝卜，怎么比？

丁一行　他们商定，在同样大小的地块，用同一批种子，种相同的东西，看谁的作物长势好，产量高。

尤　游　结果呢？

丁一行　他们第一批种的是番茄和黄瓜。大王胜。

尤　游　为什么？

丁一行　大王用的是复合化肥，老林用的是有机肥。化肥的肥力要比有机肥高，见效快。

李进步　化肥用多了土地会板结，我这个没有种过地的人都知道这个常识。

丁一行　大王可不管土地会不会板结。前头几年大王连连获胜。

尤　游　老林就甘愿这么输下去吗？

丁一行　老林这人很有心机，他说，蛰伏三年，以后看我怎么打翻身仗吧。他坚持使用好的有机肥料，在地里用足有机肥，几年来，把他的那块土地滋养得黑油黑油的。

李进步　大王的地怎么样？

丁一行　一比就知道差远了。他们决定今年比种西瓜。

尤　游　西瓜可不好种。

丁一行　可不，我看到老林已经弄来资料在研究了。从今年起我看好老林。

尤　游　有人顾眼前，有人看长远；实力是在积蓄中慢慢形成的。我估计，当年篮球比赛，老林的球队要比大王的球队赢面大些。

输棋之后

搭伙养老

李进步　告诉你们一个爆炸新闻：余教授的女朋友好几天了都没有回去，就住在他房间里。

丁一行　不会吧，余教授那么注意影响的一个人。

李进步　千真万确，刚才我散步时大家都在议论，整个养老院都传开了。

丁一行　如果真是这样可不太好。

李进步　就是嘛，有失身份。

尤　游　怎么失身份啦？

李进步　一个大学教师，应该为人师表，公开非法同居，有失体统嘛。

丁一行　是有点过分了。

尤　游　之前他们就已经在养老院办过合住的手续了，怎么就过分了？

李进步　你怎么知道？

尤　游　余教授今年83岁，那女的比他小8岁，是他的同事。余教授丧偶多年，没有再婚，女的丈夫去年年底病逝。应该说他们年龄相当，志趣相投，没有经济上的困扰，子女又都支持。

李进步　你怎么知道得那么清楚？

尤　游　早几天，余教授就来找过我，想听听我对这件事情的看法。当时事情还没定，我也就没有对你们说。

丁一行　你当时是怎么对余教授说的？

尤　游　我当然是一百个支持啦。

丁一行　不过，余教授不结婚就把女朋友弄来一起住，总归不太好吧？

李进步　就是嘛。

尤　游　你们这是老思想。现在不是提倡搭伙养老吗？也不为别的，只是想，人老了，一个人生活太过冷清太孤单，最好能有个人陪在身边讲讲话，相互有个照应。我认为完全可以理解。

李进步　法律上行不通吧？

尤　游　你要他们怎么办？

李进步　其实办个结婚证很方便，也免得人家说三道四的。

尤　游　就你们这种人爱嚼舌头。余教授和他亡妻，女方和她亡夫都已经各自买好了合葬墓，如果他们办结婚证，会给将来的身后事带来多少不必要的麻烦你们想过吗？他们又怎么向逝去的老伴和子女交代？

丁一行　这个问题确实不好办。

尤　游　不好办？就这么办！70、80多岁的老人，守了一辈子法，晚年找个伴，难道还会授受不亲？谁要是拎不清搬弄口舌，我尤游去和他辩！

李进步　看来余教授最先找你谈是找对了人。

结伴而行

找对人

李进步　咦，怪了。在幸福养老院里老丁的人缘要比你老尤好多了，可余教授搭伙养老的事情为什么单单找你老尤商量而不来找老丁呢？

尤　游　我也感到有点奇怪，我和他走得又不近。

丁一行　这个你们都弄不明白？在我们养老院里只有你尤游最喜欢多管闲事，好发议论。依我看人家余教授心里早就打定了主意，找老尤谈只不过是为了先给他一份尊重，封住他的那张嘴。其实这种事情哪怕所有人反对都是没有用的，男女这东西奇妙得很。

尤　游　有道理。还是老丁脑子清楚。

李进步 哎，你们看，这余教授和他的女同事，他们是刚走到一起的呢还是早有恋情？

丁一行 这个谁知道。

李进步 我看他们是早有恋情。

丁一行 何以见得？

李进步 你们想嘛，如果不是早就有关系，那女的能在丈夫死了还不到一年就和自己的同事同居了？

尤　游 你们庸俗不庸俗啊？就算是当年他们互相爱慕，由于各种原因没能走到一起，现在有情人终成眷属，这不是很好吗？上天成全了他们，我们难道不应该祝福他们吗？

丁一行 就是。就是！

尤　游 老李，你想想，如果这时候你大学那位所谓的“女神”突然走到你面前，向你表达爱意，同时告诉你只能同居不能结婚，你会拒绝吗？

丁一行 老李绝不可能拒绝。

李进步 唉，我可没有那个福分。

养幼院

丁一行 老人委员会让我来收集大家的意见，想想有什么意见想对院方提的？

李进步　我只有一条意见：把养老院所有带“4”字的标识统统去掉，例如4号楼、4层、4室等，免得大家望字生义。

丁一行　有道理。“四”是“死”的谐音，要避讳。

尤　游　养老院的“老”字很衰，依我之见干脆把大门口牌子上的“幸福养老院”改成“幸福养幼院”得了。还有，老丁、老李以后改称小丁、小李，张老、王老改叫张小、王小，这样我们就都不会老，也不会死了。

理由充分

不要骨头

（三人在食堂吃饭）

李进步　义工帮厨总叫老尤去，为什么没有我的份？

丁一行　上回让你帮厨，碍手碍脚的，给人家添了多少麻烦。

李进步　他老尤也帮不了多少忙啊？

丁一行　可老尤不添乱。

李进步　不让我去就是歧视。

（李进步查看尤游的汤碗）

李进步　老尤，你这碗汤里的内容要比我们丰富得多啊，看来这就是帮厨的好处啊。

尤　游　来，换一碗。

李进步　不，我不要骨头。我要工作。

近水楼台钓大鱼

本能

李进步　野猫把垃圾翻得到处都是，真讨厌。

尤　游　有的人连把厨余垃圾塞到垃圾桶里这么简单的事情都懒得做，非要把厨余垃圾扔在垃圾桶的外面，野猫它能不去翻嘛。

丁一行　养老院里都是不锈钢封闭型的垃圾桶，只要把厨余垃圾扔塞进去，猫是翻不到的。

李进步　反正野猫是够讨厌的，建议院方赶紧把野猫抓光。

尤　游　翻垃圾是野猫的本能。乱扔垃圾其实也是人的本能。原始人是不懂得、也不需要分类垃圾的。要让野猫改变本能我们做不到，要让人改变本能，并不难。一是要立规矩，二是要懂得守规矩。

李进步　有的人只顾自己贪图方便，没有公德。

尤　游　所以说抓野猫不如先把人教育好。

丁一行　把人教育好了，野猫也就不会生事了。

李进步　有的人和野猫一样，是教育不好的。

尤　游　那就只好用规则来制约他。

猫

李进步　老尤，你也别再喂那些猫好不好，现在院子里的野猫愈来愈多了。

尤　游　我喂猫又不会影响到别人，你管我喂不喂。

李进步　影响到我。现在猫叫春，闹得人心烦。

尤　游　猫通人性，与人亲近。

李进步　亲近？你和猫去生活。

尤　游　可以啊。只要你们没有意见，我去弄一只放在屋里养。

李进步　老丁你看他！

丁一行　养老院是不允许饲养宠物的。

李进步　可这满院子的野猫……

尤　游　你想怎么样？

李进步　赶尽杀绝！

尤　游　你敢！

李进步　我当然敢！

丁一行　好啦，打嘴仗没有意义。老李，我看你这性格杀一只鸡可能都下不了手，更别说要面对一群活蹦乱跳的猫了。不过老尤最好也不要去喂猫，让它们自然生活，生死由天。你老李，也不要把猫赶尽杀绝。院子里有那么几只，老鼠也会少些。

违拗

（李进步外出了）

尤　游　老李的床铺实在太乱了，我帮忙理了理。怎么样？这样看着舒服多了吧？

丁一行　好是好，不过就怕你是没事找事。他最烦别人动他的东西了。

（李进步回来了）

李进步　（动怒）是谁动了我的床铺？

尤　游　怎么样？整理干净了多好。

丁一行　是挺好的。

李进步　多管闲事。

（李进步故意将床铺弄乱）

尤　游　哎，我费了好大劲才把它整理好，你为什么要故意弄得乱七八糟？

李进步　我的床。我—喜—欢！

给狗洗脸

美化心灵

尤　游　老李，你不要把什么乱七八糟的东西都往屋里拖，你自己看看，把房间搞得又脏又乱，让我们怎么和你在一起住。

李进步　你不也弄了这些花花草草进来吗？还说我。

尤　游　花草是美化环境。

李进步　在我眼里，你们看着乱七八糟的东西全都是宝贝，我看着舒服，美化心灵。

天经地义

丁一行　老尤，我们是室友，给你一点忠告：你不要和老薛的女儿处得太热络，免得引来别人的非议。

李进步　就是嘛。人家是每天来养老院照顾父亲的，你可不要动歪脑筋啊。

尤　游　你们看到我不规矩了吗?

丁一行　那倒还没有。

李进步　我们不是担心嘛。

尤　游　那好。告诉你们，我是无婚约男人，她是未婚女人，假如有缘结合那也是天经地义。

李进步　看来你是喜欢上她了。

尤　游　男人喜欢女人也是天经地义。

李进步　老尤，你比小薛要大好多呢。

尤　游　她 43 我 76。是问题吗?

李进步　俗话说：兔子不吃窝边草。

尤　游　再好的草也要有牙齿嚼得动。

丁一行　我们是真替你担心。

尤　游　不用担心。不过有个心倒需要你们二位老哥替我担一担：假如有一天我再婚，就请老丁做证人，老李当伴郎。

乐在其中

惦记

（三人在池塘边钓鱼。丁一行和李进步在一处，尤游在稍远一点的地方）

丁一行　老李，怀疑老尤和小薛相好是不是我们想多了？小薛找老尤帮过几回忙，其实老尤这人对谁都热心，虽然显得有点殷勤，不过也还算有分寸。而且我感觉我们幸福养老院里很多老太太都和老尤处得特别好。

李进步　老尤这个人是蛮讨人喜欢的。我们再看看吧。

（回家的路上）

李进步　从一大早钓鱼到现在，老半天了，我一条鱼也没有钓到。

丁一行　我也是。哎，老尤倒是钓到不少。

李进步　哎，真是呢。看来他也受到鱼儿们的爱戴啊！

丁一行　老尤，为什么鱼儿偏偏都爱上你的钩？

尤　游　因为鱼儿知道你们都在惦记着它们。

惦记

僻静地

丁一行　老尤你挺有心情的，每天早上放一把米在窗台上，引来那么多麻雀争食。

李进步　你喜欢鸟，干嘛不自己养一只？

尤　游　我不喜欢关在笼子里的鸟，没有自由。

李进步　鸟关久了，习惯了，也就无所谓自由了。

尤　游　它的天性也就抹煞了，那不是鸟，是家禽。

丁一行　有时我会觉得住在养老院也有被关进笼子的感觉，想走走不远，想动动不了。

尤　游　是不想走远，不愿动，就像被人养久了的鸟一样，慵懒了。

李进步　我纳闷，按照老尤的个性不应该把自己关在养老院里，而是应该四处乱飞才对呀。

丁一行　一个所谓的拼命追求自由的人是不应该待在养老院里的。

尤　游　飞了大半辈子，累了，飞不动了。就像森林里的野象，知道自己的寿限快到了，就会找一个僻静的地方静静地等死。

李进步　养老院就是你要的那个“僻静的地方”？

尤　游　差不多。

【伍月】

鲜嫩

李进步　刚进五月我就看见蚊子出来了。

丁一行　现在蚊子越冬的日子越来越短，再这样下去连冬天都要点蚊香了。

尤　游　如今科学发达了，蔬菜反季节供应，海水鱼淡化养殖，蚊子也是要与时俱进的。

李进步　有一个现象不知你们发现没有：越是城市中心的蚊子越狡猾，离城市越远的蚊子越憨厚。

丁一行　有道理。市中心的蚊子，你发现了它，刚要行动，它一下子就飞得不见了踪影。乡下的蚊子，你看见它，它基本上就跑不掉了。

尤　游　城市人发明各种先进的武器用来对付蚊子，险恶的生存环境造就了蚊子的进化。所以说，那些经过几十代、上百代与“城市”较量后得以生存下来的“城镇户口”都是精英。

李进步　还有一个现象不知道你们注意到没有，我们养老院的蚊子要比外面少很多很多。

丁一行　当然，我们这里环境清洁，蚊子无处躲藏。

尤　游　不尽其然。其实蚊子和我们人是一样的，也喜欢享用鲜嫩的食品。

颠倒

说不定

丁一行　这幅拼图太难拼了，我花了三天还是弄不了几块，正式宣布：放弃。

（李进步看拼图说明书）

李进步　梵高的《星空》，1000 块碎图。图案也没个规律，没几个人能拼出来。放弃也好。

尤　游　让我试试？

李进步　你就算了，没那个耐心的。

尤　游　我要是拼出来怎么讲？

李进步　我佩服你。

尤　游　光说佩服就行啦？

李进步　那还能怎么样？

丁一行　这样吧，我这里有一瓶存了十几年的飞天茅台，你要是能拼出来，我们就打开来喝了。

尤　游　说话算数？

丁一行　你可不能找人帮忙啊？

尤　游　我尤某人从不作假。我倒还怀疑你的这瓶茅台是否是真货呢？

丁一行　这是我私存的。我们这么大的事业单位会用假货？

尤　游　那不一定呢。

李进步　还真不一定呢。

值钱

李进步　明天早上邮局发行纪念币你们要去买吗？

丁一行　那些东西我从来不买。

尤　游　买那干嘛？

李进步　那好，把你们的身份证借给我，每张证可买 10 枚。

丁一行　你要这么多纪念币做什么？

李进步　兴许将来能升值呢。

丁一行　东西是越老越值钱，人是越老越不值钱。

李进步　对呀，我将来留给孙子。

尤　游　等你这些东西到了值钱的时候，你孙子也老得不值钱了。

李进步　那就留给曾孙、玄孙。

尤　游　你是不是还想让他们记住你这个太祖？做梦去吧。

我编的

李进步　微信上说："要长寿，青菜萝卜糙米饭；要长寿，多动腿脚情欲懒……"

尤　游　我们这些老头子，不要说寡欲，就是有欲也无处泄，保证个个长生不老。

李进步　微信上说："要抗癌，番茄吃皮不吃肉；土豆吃生不吃熟……"

丁一行　照这样说，凡是另类的吃法都能抗癌。

（李进步皱着眉头在吃东西）

丁一行 老李，你这是在吃什么啊？

李进步 微信上说："要健康，咖啡吃渣不喝汁；常吃猪毛刷肠道……"我吃咖啡渣。

尤　游 你就信啦？

李进步 信。

尤　游 为什么相信？

李进步 微信上说得有道理，我就信。你们看："咖啡渣含有能够抑制病菌繁殖的 HTD 成分……"

尤　游 你知道什么是 HTD 吗？

李进步 不知道。

尤　游 HTD，英语"人工神经网络"的缩写。也是汉语拼音"糊——涂——蛋"的首字母。

李进步 不会吧？

尤　游 （大笑）那条微信是我胡乱编造的，你还真信了。你看看，是不是我发给你的？

（李进步看了手机后，忙不迭往外吐咖啡渣）

丁一行 老尤，你怎么可以这么糊弄人！

李进步 就是像他这样的骗子才把好端端的微信给搞乱了的。

尤　游 你是被"人工神经网络"给迷魂了。微信让你吃咖啡渣，你就吃。微信说睡觉不可以头朝东，你就把脚丫子朝东墙，头朝西面的走道。不要说是微信，就是电视台说的、报纸说的，你也要先用自己的脑袋来分析一下是真是假、是对是错。

李进步　你就是个骗子。

尤　游　就是因为有了傻子才会有骗子。

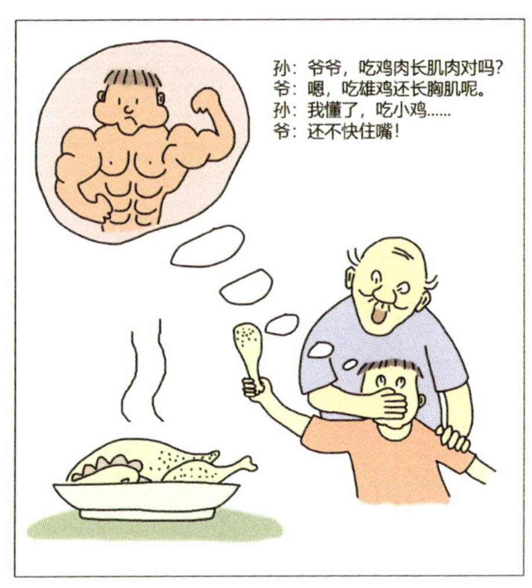

吃啥补啥

原因

尤　游　老李，刚才区政府有关部门的领导来视察，你怎么悄悄溜走了？

李进步　没有啊。我内急，去方便了一下。

尤　游　不对，那位领导还特意问起你呢，恐怕你做过什么对不起人家的事了吧？

（李进步沉默）

丁一行　老李不想说你就别再追问了。

李进步　嗯，我对不起他？从前他是我手下的小出纳，每天上班替我泡好茶伺候着，可现在……

尤　游　唉，我现在知道你进步慢的原因了。

专司拉风

惯性

（上午）

李进步　我们的管家的确很辛苦。你们看，“微信运动”上显示出来他们每天的走路步数，每位都要接近二万步。这不，小忻今天一个上午就走了一万多步。

尤　游　幸福养老院的有些老人也不体谅他们，大小事情都要找管家：“管家，我把门卡忘在屋里了，快来开门。”“管家，我家阳台上有一只鼻涕虫，恶心死了，快来弄掉。”把孩子们忙得脚不沾地。

丁一行　看着让人心疼。

尤　游　以后我们能做的事情尽量自己去做。

李进步　对。减轻他们的工作量。

丁一行　其实我们做一些力所能及的事情对延缓衰老也有好处。

李进步　生命在于运动嘛。

（傍晚，尤游欲外出）

李进步　老尤你去哪里？

尤　游　大门口有我的一个快件，我去拿。

李进步　外面下小雨还出去？你发个微信让管家送进来不就得了。

丁一行　就是。

鱼水关系

说说容易

李进步　巩女士永远都是一副愁眉不展的样子，看她经济条件不差，身体也不错，不知发哪般子愁？

尤　游　哪位巩女士？

李进步　就是每次乘班车上超市坐在最后排靠右边角落的那位。

尤　游　她啊？是有些忧郁。也许人家性格就是如此。

丁一行　我知道一点她的情况：她先生死得早，她靠一己之力把一儿一女拉扯大，一个孩子50多了，另一个也快50了。大的儿子至今未婚，小的女儿离婚多次也没个孩子。你们说，她能不发愁吗？

李进步　家家都有本难念的经。

尤　游　想不开。孩子愿意过什么样的日子是他们自己的事情，不要把自己对生活的要求强加给孩子。每个人都有选择自己生活方式的权利，包括子女。已经飞出窝的雏鸟，就不要再想着怎么去为它添根羽毛了。

李进步　要我摊上这事，要做到不问不管也是不可能的。

丁一行　说大话是很容易的。

尤　游　那还能怎么办？

送别酒

尤　游　《星空》拼图终于拼出来了，这梵高老先生也太折磨人了。

李进步　你太厉害了。

丁一行　不容易。

尤　游　真累。这说明了一个真理：坚持就是胜利。

李进步　这些天你披星戴月、呕心沥血，不就是为了一口酒嘛。

丁一行　我说话算数，开酒。

尤　游　不，留着。留到我们百年时再喝它。

李进步　那不全都孝顺孙子们啦？

尤　游　哪一天为我们中间最早走的那个人送行，就用它作送别酒。

坚韧不拔

话痨子

李进步　我看樊老太太越来越孤单了，一个人到处乱串，有点找不到方向的感觉。

丁一行　这老太太特别喜欢找人聊天。结交个新聊友，聊不上几天，人家看到她就要逃之夭夭了。

尤　游　为什么？

丁一行　她的话题太窄，老是讲她的亲戚如何如何挤对她。每次都是这个话题，轮番粘着人说，人家听厌了就不愿意理她了，可她还是缠着人家不放。最烦人的是她带着礼物敲门进到人家屋里聊。人家不收礼物吧，她怪人家看不起她，收下礼物了还怎么好意再打发她走。

尤　游　当代祥林嫂。

丁一行　有一位老太太就是被她缠得受不了，又不好意思拒绝她，在这里住了几天就跑了。

李进步　好在我们养老院的“人事”更迭快，没多久她又可以找到新的沾粘对象了。

尤　游　她就不能换些话题吗？比如谈谈有什么爱好。

丁一行　她的爱好就是找人诉苦。

尤　游　其实，蛮可以聊聊工作经历什么的。

丁一行　她工作的时候还是市级劳动模范呢。

尤　游　那她可以聊聊她的专业啊？

李进步　她是一家市级图书馆的编目人员，退休后又作为专家被单位返聘了好多年。她一生都是在冷冷清清的书库里和书本打交道。

尤　游　那她应该是一个安安静静话不多的人才对啊。

李进步　也许她本身就是一个多话的人，只是由于职业环境让她找不到说话的对象。

丁一行　因此，在养老院面对那么多真实的人，她的话匣子就关不住了。

尤　游　可怜她一辈子有话无处说，到老了，想找个人说说话，又没有人愿意听。

李进步　憋了一辈子的话语如滔滔江水奔流不断，谁受得了啊！

转基因

李进步　老尤，你吃的那个玉米可能是转基因的。

尤　游　你怎么知道？

李进步　这玉米长得太漂亮了。我们吃东西要很小心。现在市场上不健康的、对身体有害的东西太多了。

丁一行　我有个医生朋友，他们家是河鲜从不进门，他认为人工养殖的水产品或多或少都有一些激素类物质，他们家只吃海鲜。到后来海产品也有养殖的了，他们都不知道该吃什么了。

尤　游　我也有个朋友，他得了高血脂，遵医嘱，这也不敢吃那也不能吃，结果不到70岁就辞世了。医院最后的检验报告下来，竟是死于营养不良。

李进步　转基因的东西，最好不要吃！

尤　游　吃了又会怎样？

李进步　讲不清楚，反正没好处的。

尤　游　它再转还能把我转到哪里去？要是运气来了，弄不好还会把我转成小伙子呢。

李进步　你想得美。

无奈

尤　游　我突然想到了一个问题：万一将来地球上的天然食物真的不够了，非得依靠转基因食品或人造食物来补充，你们说我们人类该怎么办？

李进步　平均分配。天然食物和非天然食物按照现有比例搭配好分给每个人，谁也不吃亏。

丁一行　恐怕做不到，有的人一定会利用自己的社会地位优势，抢占自然资源。而社会弱势群体，只能接受非天然食物。

尤　游　老李是平均主义，老丁是霸权主义，都不可取。依我浅见，制定一条法律：60 岁以下的享用天然食物，过了 60 岁就只能以非天然食物充饥。哈哈。

李进步　为什么？这不公平。

丁一行　为了儿孙做出牺牲我赞成。你老李不吃转基因，难道还想再生个胖娃娃？

李进步　那样我们都只有吃转基因的份了。

匀一点

丁一行　我当办公室主任的那些年，弄得一身毛病：糖尿病、痛风、高血压、脂肪肝。

李进步　都是富贵病。

尤　游　腐败病。

丁一行　你们当我愿意啊。饭局也是工作。每天吃啊、喝啊，到后来就变成了负担，一上酒席，心里就直打恶心。那时候我多么怀念晚上泡饭就咸菜的日子啊。可是不行啊，非得让你吃，而且要多吃，不吃就是不忠诚；非得让你喝，要敞开怀地喝，不喝就是不作为。

李进步　这世道不公平，想吃的人没得吃，不想吃的人硬塞给你吃。

尤　游　嘻嘻，这让我想起北京填鸭，喂肥了就宰。

李进步　哈哈哈。

丁一行　有时我想，如果把那几年消耗的美味匀一点给小时候，再留一些给现在，那该有多好啊。

尤　游　匀一点给山里的穷孩子，再匀一点给阿富汗难民，这才是正经的用途。

没有大腿

丁一行　其实比吃更难熬的是“看”。

李进步　什么东西这么难看，让你用上“难熬”这个词？

丁一行　芭蕾。

李进步　你不喜欢欣赏芭蕾舞？

丁一行　就那么一出芭蕾舞剧，让你隔三岔五地看，你还有胃口欣赏吗？

尤　游　当年放映苏联电影《列宁在1918》，我连续看了不下5次，除了第一遍把电影看完，后面想方设法弄来票子，就是为了看那几分钟的芭蕾《天鹅湖》片段，看完就走人。

李进步　你那是为了看人家姑娘的大腿。看够了吗?

尤　游　看不够。

丁一行　你看了5次《天鹅湖》片段，而我看了不下50场的芭蕾舞剧《白毛女》。全——剧噢。

李进步　有那么夸张吗?

丁一行　那年我被抽调到市革会接待办帮忙。我们要经常接待各地的来宾。那时候招待客人最拿得出手的节目就是本地特产：芭蕾舞剧《白毛女》。

李进步　那个年代一共有8个样板戏，其他戏你们也可以轮流招待呀?

丁一行　各地都能排京剧，唯独芭蕾别家演不了，要不怎么叫“特产”呢?

尤　游　没错，那年头，我们师的业余宣传队还排演京剧《智取威虎山》呢。

李进步　那也不能每次都安排让你作陪呀。

丁一行　领导不想陪，找个理由可以走。那些有家要照顾的，我们也得照顾人家吧。

李进步　于是每次都是你。

丁一行　看戏那个难受啊。白天忙了一天，晚上还要陪客。每次演到杨白劳被打死，我的瞌睡虫就不由自主地爬出来了。你们知道我睡觉爱打呼噜，要是真的睡着了那多误事啊，于是就硬是憋着不让自己睡着。什么手段都用上了：掐大腿，抹万金油，用手指撑开眼皮。到后来实在没办法了就吃干辣椒。我现在能吃辣，就是那时候练出来的。

尤　游　那种难受我能够想象得出来。

李进步　有同感。就是让老尤看50场一模一样的大腿，他也一定受不了。

尤　游　戏里可没有大腿。

不知道

丁一行　曾经在一次吃饭时我对外孙女感叹，别看现在有很多新玩意儿我们不懂，也学不来，但有一些东西，他们这一代人永远也享受不到了。在海洋渔业资源匮乏的今天，他们再也吃不到好的天然海鱼了。我向他描述过去的大黄鱼如何如何好吃，带鱼如何如何新鲜，墨鱼如何如何肥美。

李进步　现在我们能够吃到的海鱼很多也都是人工饲养的，味道大不如前了。

尤　游　过去的大黄鱼确实好吃。不过，到过年凭票一户才能买上一条吃，平时不容易买得到。就是凭票买，有很多人家也吃不起。

丁一行　有一次，我女婿带我们去浙江台州海岛度假，他有一个做海产的朋友，每顿饭都招待我们吃海鲜，有些水产是刚刚从海里捕上来的。这种鱼那种鱼、这种蟹那种蟹、这种虾那种虾、这种螺那种螺，各种各样的海鲜每顿都摆满一大桌，很多东西我连见都没见到过，更不要说吃了。外孙女问我："外公，这些东西从前的味道要比现在更好吃吗？"

尤　游　你怎么回答？

丁一行　我老老实实回答：从前的菜场不卖这些东西。

李进步　是的。从前菜场卖的海产品确实很单调，就我们认识的那么几个品种。

丁一行　从这件事情上我进行了反思：由于各种原因限制了我的视野，而我还自以为目及所至就是整个世界。想想挺可笑的。

尤　游　贫穷限制了想象。现在已经不是我们年轻时的那个社会了，资源匮乏不等于穷尽，只要你有钱，没有得不到的东西，总有那么一部分人可以尽享人间各种美事的。

李进步　我觉得我现在挺好，安安逸逸很少有东西能再让我心动了。

尤　游　那是因为：一是你老了，二是你根本就不知道这世界上还有其他更好的东西。

不知其高矮

猪坚强

尤　游　猪坚强死了。

李进步　谁死了?

尤　游　汶川地震救下来的那头猪。

丁一行　哟,很多年了吧,居然活到了现在!

尤　游　十几年了。一头待宰的肉猪,因为一场突如其来的变故,加上自身特有的顽强生命力,使它成为一头人所皆知的名猪,真是奇事。

李进步　可惜了,这种好事情居然落到了一头猪的身上,如果是人,那后半辈子也可以安享清福了。

丁一行　你怎么可以把猪和人拿来比?

尤　游　人和猪是不一样的，但也是可以拿来一比的。

丁一行　废话。人是人，猪是猪，哪有放到一起讲的？

尤　游　猪没有太大的要求，你只要让它吃饱、住好，最多再给它配个老婆，就没什么事了。要是换了人可就麻烦大了。

李进步　怎么麻烦大了？

尤　游　人出名啦，各种各样的机会也就来了，他的欲望就会随之爬升：糟糠之妻看着不顺眼，换一个；普通的房子容不下他了，要住豪华的；为了多搂钱，手段变得越发凶狠；头抬得老高，眼睛望着天，不认得人了。

丁一行　有的人确实还不如一头猪。

尤　游　要不，怎么说是“高等动物”呢？

鸡立鹤群

冷笑

丁一行　我也养过猪。

李进步　什么时候?

丁一行　在五七干校。

尤　游　非常年代，我们都做过非同寻常的事情。

丁一行　有一头小花猪特别受到我的关照。

李进步　它有什么特别之处吗?

丁一行　长得比较有灵气，而且好像很有修养的那种，从不抢食，也不乱叫唤。我比较护它，每次喂食总要多给它一点，有好吃的，比如搞到红薯什么的也先塞给它吃。因此它比同批的猪要长得更敦实一些。

尤　游　完了，你害了它。

丁一行　没错。那次食堂来人挑猪，一眼就相中它，我拦都拦不住。

李进步　你吃到它的肉了吗?

丁一行　吃饭时我分到一块红烧猪肉。那块肉很奇怪，人家的猪肉都是方形的，而我分到的那块肉居然是圆形的，有皮、有膘，还有瘦肉，不知怎么的就是没有棱角，好像鸡蛋那样缩成滚圆滚圆的。也许那天厨房的酱油不够了，说是红烧肉，也没有一点酱色，白潦潦的。

李进步　你吃了没有嘛？

丁一行　还能不吃，那年头肚子里缺油水，也没多想就吃掉了。

尤　游　什么感觉？

丁一行　直到现在，有时候看到红烧肉，眼前就会浮现出那只小花猪的脸来。

尤　游　怎么？

丁一行　它冲着我呵呵地冷笑。

催奶

丁一行　当年养猪的潮事还挺多。

李进步　你说说。

丁一行　一头母猪下了一窝崽，没有奶水，小猪饿得连叫唤的力气都没有了。正没方向，有人提议去向一位女干部讨主意，说是那位女士正值哺乳期，有经验。一听这事，她立马警觉起来："你们不是要我去喂小猪吧？"

尤　游　馊主意。

丁一行　我们对她说，不是让她去喂，只是让她给想想办法，怎么样才能让母猪多下奶水，好救活一窝小猪。

李进步　多喂给母猪营养食物嘛。

丁一行　那年头人都吃不饱，哪还有营养食物喂猪？

李进步 那怎么办？

丁一行 那位女干部说，河鲫鱼煮汤最下奶。

尤　游 哪来的河鲫鱼啊？

丁一行 干校有一个鱼塘，我们就用抽水机把水抽干，还抓了不少鱼。

李进步 煮鱼汤了吗？

丁一行 煮了。汤给母猪喝，还顺便盛了一大盆给那位女干部。

尤　游 鱼呢？

丁一行 我们吃了。

李进步 母猪下奶了吗？

丁一行 后来下了。

尤　游 这下可好了。

丁一行 好什么呀，小猪等不及吃上奶全都饿死了。

李进步 呵呵，只是便宜了那位女干部。

关系

丁一行 人啊，有时候好心得不到好报。

李进步 怎么啦？

丁一行 今天我去医院看病，坐在大厅里等叫号，见坐在旁边的一位老太太在独自抹泪，好伤心的样子，我就好心关心她。

尤　游　老太太不理你？

丁一行　没有。说来这老太太也蛮可怜的，老伴死了很多年了，她80刚出头，最近查出肝癌晚期，医生告诉她想吃什么就吃点，想喝什么就喝点。意思很明白，没多少日子了。

尤　游　她子女呢？

丁一行　老太太伤心就伤心在这里。她有一个女儿，一直不肯照顾她。

李进步　狼心狗肺的东西，养她干嘛！

丁一行　老太太说，当年女儿让她替她带孩子，老太太没同意，所以现在她女儿也不管她。

李进步　也难怪。年轻时太贪玩，不肯为孩子付出，到头来就是这个结果。

尤　游　那你怎么个好心就得不到好报了呢？

丁一行　后来我还想劝劝她不要太难过，谁知她突然睁大眼睛用疑惑的眼光看着我说："你是不是想骗我的钱？"

尤　游　哎。现在人与人的关系就这么简单。可悲可叹。

拉卡

（早晨）

李进步　市里有个养生讲座，中午免费提供一顿午餐，你们不想去听听？

丁一行　小心上当。

李进步　我不带钱，看他们怎么骗我。

（看着李进步的背影）

尤　游　每个人都以为自己最聪明，看吧，到头来他还要对骗子感激不尽呢。

（傍晚，李进步回来）

尤　游　老丁，了不得了！你看老李买了那么多乱七八糟的保健品。

李进步　怎么乱七八糟了？你们没去可惜了，今天的免费午餐还真不错呢。

丁一行　你拿的这些东西都是白送的？

李进步　你送我？就这些，花了我5000多块呢。

尤　游　你不是说好不买的吗？

李进步　今天对老年人优惠，打对折，市场上买要10000多呢。不买还不亏啦？再说，人家那么热情，不买一点也不好意思。

丁一行　你不是没带钱吗？

李进步　我拉卡。

偏不听话

病得不轻

李进步　（取出一药瓶）一位美国来的医学博士介绍这种保健品，能治很多病，还有病人现身说法呢。

丁一行　能治糖尿病？

李进步　专治糖尿病。

丁一行　心脏病能治？

李进步　心脏病有特效。

丁一行　痛风能治？

李进步　痛风立见灵。

丁一行　我的病它都能治？

李进步　什么病都能治。

尤　游　精神有毛病能不能治？

李进步　精神病？应该能治吧。

尤　游　看来病得不轻。

保健品卖到了棺材铺

精确到秒

（早餐，李进步呆坐着不动筷子）

丁一行　老李，你不吃饭呆坐着，在想什么呢？

李进步　我早上吃了2粒保健品，说明书上规定，服下后半小时才可以吃饭。（看手表）现在离允许吃饭的时间还有一分零……六秒。

（第二天，食堂开饭比平时要晚）

尤　游　老李，现在已经超过了你吃保健品规定的饭点，不会有问题吧?

李进步 你别替我担心。刚才，在吃完保健品后半小时的准点时间，我吃了一块饼干。

屁如其人

三　人　谁放屁?

三　人　我知道是谁。

丁一行 哼哼。

李进步 哈哈。

尤　游 嘻嘻。

丁一行 同住一屋久了，不用说就知道是谁。

李进步 不用赖，不用辩。

尤　游 一人一味，屁如其人。

丰满与骨感

丁一行 院方向大家征求对食堂的意见。

尤　游 我没意见，特别是肉包子做得很有水平：外表很丰满，内容很骨感。

李进步　我也没意见，尤其是糖醋小排骨更好：基架很丰满，外表很骨感。

丁一行　我对你俩倒有一个意见：老李太丰满，老尤太骨感。

多放蔬菜

尤　游　丁代表，能不能向食堂反映反映，早上少许备些佐料，做个咸豆浆，好久没喝了，想得慌。

丁一行　这个应该没问题，我去给说说看。

李进步　早饭最好是牛奶、咖啡加西点。你也替我反映反映。

丁一行　这个有点难度，不过我也可以给说说。

尤　游　咸豆浆是大众早点。食堂不能为了你一个人的要求去配专门的西点师。

李进步　你能提要求，我就不能提啦?

尤　游　算啦，我的咸豆浆不吃了。

李进步　我的咖啡、西点也不要了。

尤　游　你这是故意和我捣乱嘛。

李进步　老丁，你再给食堂说一下，炒菜时肉丝、肉片少放点。吃太多肉不健康。

丁一行　上回不也是你提意见说炒菜放肉太少食堂克扣大家的

伙食费吗？

李进步　情况不是在变吗？

丁一行　左右你都有理，这回让我怎么说？

尤　游　好说，你就要求他们在肉里多放蔬菜呗。

美味

少抱怨

尤　游　住养老院的很大好处是不用自己做饭，吃现成的。

丁一行　日复一日把时间花在做饭上的确很烦人。

李进步　省了麻烦，也失去了选择权。

丁一行　在食堂提供的菜单中你可以自由选择呀。

李进步　那是在别人为你选择好的范围内选择，选择的范围小不说，对口味的要求更是无法满足。

尤　游　你可以不来养老院呀？

李进步　我不是烧不动了嘛。

尤　游　既然没能力了，那就老老实实吃你的饭，少抱怨。

多此一举

尤　游　在所有的民意测验中，我认为最没有意义的就是食堂征求伙食意见。

李进步　这点我同意。

丁一行　我也同意。

李进步　我喜欢咸一点。

丁一行　我喜欢淡一点。

尤　游　我要不咸不淡。

李进步　我要菜烧得生一些。

丁一行　我要菜烧得烂一些。

尤　游　我要不生不烂。

李进步　我偏爱浓油赤酱。

丁一行　我偏爱原汁原味。

尤　游　我喜麻辣酸香。

李进步　看他们怎么弄？

丁一行　左、中、右走不到一起，每个人都有自己的立场。

尤　游　因此，征求伙食意见是多此一举。

豆浆

李进步　小菜的烧法可以不征询意见，但对价格的意见我还是要提的。

丁一行　你对价格有什么意见?

李进步　院方自己说的，绝对不在伙食上赚我们的钱，你们信吗? 反正我不信。

尤　游　这里的价格不算贵，我能够接受。

李进步　你是有钱人，不在乎。我在乎。

尤　游　这跟有钱没钱没关系，你到外面去买了吃要比这贵多了。

李进步　能比吗? 大街上是要赚钱的，这里说的是不赚钱啊。

尤　游　你要人家怎么办?

李进步　我光嘴巴说贵不算数，我有“标杆”，我们用“标杆”来量一下嘛。

丁一行　你有什么标杆?

李进步　我们就拿每天早餐的豆浆来作分析，从中大致就可以知道他们赚没赚钱了。

尤　游　到底是做会计的，真肯算。

李进步　我查过了，一斤黄豆大约6块钱，可以磨出4公斤豆浆。食堂一碗豆浆是300毫升，4公斤豆浆大约可以盛13碗，每碗的成本是0.46元；食堂卖给我们是1元钱，他们每碗要赚0.54元。你们算算他们的利润有多高？

丁一行　不能这么算，人家还有其他成本呢。

李进步　就一碗豆浆，能有多大的成本？

丁一行　人力成本、管理成本、水电燃气成本、场地成本、机器折旧、物流成本、原料损耗等等，食堂成本的统计不能仅以一碗豆浆来单独计算，它有一个综合成本的通盘考量。

李进步　你把食堂的所有开销都一并算在一碗豆浆里啊？

丁一行　亏你还是做会计的，怎么连这点基本的常识都不懂。

尤　游　他不是不懂，他是装糊涂。精明人算账只算进不算出。我也给你立一个“标杆”。食堂每天的中晚餐都要供应免费汤，你算过那汤的成本吗？

丁一行　幸福养老院的汤可都是真材实料啊，不像从前单位食堂供应的免费汤那是菜叶加清水，再放点盐、滴几滴油花来糊弄我们的。

尤　游　这里经常提供的有：紫菜蛋花汤、白玉菇肉丝汤、榨菜肉丝蛋花汤、肉皮白菜豆腐汤、肉丝粉丝汤、酸辣汤等等，我们每天变着花样喝的可都是实打实的汤啊。

丁一行　经营食堂最难的是统计用餐人数：做少了不够供应，

做多了又卖不掉。养老院严格规定每顿卖剩的饭菜是不可以再拿来卖的，只有倒掉，这也是成本啊。

李进步　反正他豆浆是卖贵了。

尤　游　要便宜很容易，只要多掺水，把水加到你的心理价位你就不嫌贵了。

丁一行　那样他又要埋怨质量了。

尤　游　总有一些人，从他口袋里掏点银子就像剜他的肉一样。

李进步　我就纳闷了，你们怎么不帮我这个“劳方”讲话，而是处处护着“资方”，不会是“黄色工会”派来的吧？哈哈。

尤　游　老兄，认输吧，这不难。

要求

尤　游　每个人对自己的经济能力要有一个正确的定位，不能因为个人的实力达不到理想的要求，就否定市场的定价规律。

李进步　此话怎讲？

尤　游　举例：面店里有阳春面每碗1元钱，素浇面2元，还有3元的腊肉面和4元的虾仁面。你的经济情况允许你吃什么面，你就得接受现实，乖乖地吃你该吃的面。

李进步　有钱吃的好一点，没钱吃的差一点，这个没问题呀？

尤　游　现在是：你吃着阳春面，心里却在想，这光面上面就几粒葱花，居然要卖1块钱。心有不甘，于是吆喝店主：老板，多少给添点浇头嘛。

丁一行　老板给添了吗？

尤　游　添了。

李进步　这老板还不错。

尤　游　不久，你吃素浇面，心里却在想，这全素的，居然要卖2块钱。心有不甘，于是吆喝店主：老板，多少给添点荤腥嘛。

丁一行　老板给添了吗？

尤　游　添了。

李进步　这老板还算好。

尤　游　不久，你吃辣肉面，心里却在想，这破山珍，居然要卖3块钱。心有不甘，于是吆喝店主：老板，多少给添点海味嘛。

丁一行　老板给添了吗？

尤　游　添了。

李进步　这老板真好。如果吃着虾仁面，付着阳春面的钱则更好。

尤　游　这位老板书生出身，不肯拂人面子，也好说话。你要，就给添一点，他要，也给添一点，最后成本核算不下来，又抹不开脸拒绝顾客的要求，只好关门打烊。

丁一行　你想说什么嘛？

尤　游　我个人感觉幸福养老院已经在最大限度地、尽量地满足我们老人的要求了。我们还不知趣，今天左一个意见，明天右一个要求的。人家办养老院也是有成本核算的，万一逼到哪一天院方亏本太大实在支撑不下去了，或者厌烦透顶了，干脆宣布：撤退——散伙——玩完。我们大家也就没有意见了。

丁一行　就是吃老婆做的面，也是要花家里钱的。

梦的奢侈

大熊猫

李进步　虽说幸福养老院是民政部门监管的非盈利机构，但是说它贴钱来服侍我们？你打死我也不相信。

丁一行　贴钱，要是你，你肯干吗？

李进步　就是嘛。

尤　游　它贴没贴钱与我们无关，它贴多贴少也与我们无关；住不起你可以不住，嫌贵你也可以离开。我在意的是它会不会亏本，会不会维持不下去，真要那样，我们就只好各奔东西，自寻栖息之地了。

丁一行　不花钱就想得到最好的服务，这个世界上没有这么好的事情。

尤　游　谁说没有？

李进步　你说谁？

尤　游　大熊猫！哈哈……

上当

尤　游　不好，我今天也上当了。

李进步　上谁得当？

尤　游　骗子。

丁一行　怎么了？

尤　游　我看到前妻发微信向我借钱，没多想就转给她了。微信是她的，头像也对。她说向我借3000块有急用。她能开口向我借钱我还很受用呢。

丁一行　怎么知道上当呢？

尤　游　后来越想越不对头，她至于开口向我借3000块钱吗？打电话过去才知道上当了。

李进步　你不是很精明吗，怎么也被骗掉3000块？现在的骗子也太神奇了，就连你这个“骗子”他也敢骗。

丁一行　百密一疏，老马也有失蹄的时候。

尤　游　我对女人心软。

换马甲

百试不爽

丁一行　老李一个人躲在卫生间打电话，神秘兮兮的，莫不是也接到诈骗电话了？

尤　游　有可能，这个老李，最容易上当。（对着卫生间门喊）老李，你在干嘛？

李进步　（在卫生间内）在厕所还能干嘛。

（李进步从卫生间出来，显得有些慌张）

尤　游　还没干嘛，躲在里面打什么电话？是不是接到诈骗电话了？看把你吓成这样。

李进步　检察院的，说有一个案子牵涉到我，让我按照他们的指示去做，否则问题就严重了。

丁一行　你现在要去哪里?

李进步　银行。

丁一行　别去，这是诈骗电话，电视里说了多少回了你还上当。

李进步　不是，这次是真的。

尤　游　我说老李啊，你不是当财务科领导的时候做过见不得人的事了吧?

李进步　我李进步从来行得端、坐得正，我个人要是肯歪哪怕一丁点也不至于做到副科长退休。

丁一行　那你害怕什么?

李进步　有时候就是没事也会有人往你头上扣一屎盆。你们看电话又来了……

尤　游　(示意大家别出声，拿过李进步的手机)喂，你是哪家的……我呀?我们是同行。你们做一单多少扣率?不会超过30吧……跟着我做吧，我给你40，当日结清……你不信?先做半个月业务员，合格升主管，再加10……没吹牛啊……他挂了。

丁一行　果然是骗子。

李进步　啊呀，我差点上了他的老当。老尤，你怎么知道得那么清楚?要不是你也走过那些歪门邪道吧?

尤　游　听着!要学习、要研究。虽说各行各业都有各自的特殊性，但是很多规律性的东西都是大同小异的，要摸透其中的奥妙并不难。我再告诉你一个诀窍：以后接到任何你不愿意接的电话，例如保险、金融、房屋中介，当然还包括骗子，你只要跟他说我们是同行，他就再也不会来骚扰你了。

李进步　真的吗？

尤　游　百试不爽。

稳赢不输

骗骗子

丁一行　我们养老院有一个了不起的“老骗子”。

李进步　谁？

丁一行　老胡啊。

李进步　他骗谁啦？

丁一行　骗骗子。

李进步　是吗？怎么骗？

丁一行　装傻，装戆，装阿木林，结果把想骗他的骗子统统都骗进了派出所。栽在他手里的骗子有将近半打呢。

李进步 了不起。

丁一行 老胡是老公安。他闲着没事，就以研究骗子的骗术为乐，过去是专业，现在成了业余爱好。

李进步 如果有骗子来找我，我也让他尝尝我的本事。

丁一行 做骗子还是需要一点专业素质的，就你这样还想骗人？

尤　游 要是骗子被你骗了，那还能算骗子？

好大的瓜

辟言

（早上）

李进步　老尤，你干嘛呢？从起床到现在就没听你说过一句话。

丁一行　是不是不舒服了？你说一声我们也好帮你呀。

李进步　你看他神经兮兮的。算了，别理他。

丁一行　他今天是有点不正常。

李进步　变哑巴了。

（中午）

丁一行　（对尤游）一个上午你也没有说一个字。

李进步　我们有没有得罪他的地方？

丁一行　我想不出，昨天睡觉前还好好的，早上睡醒就变成这样了。

李进步　老尤，你就开个口，告诉我们，你这是为了那般。

（老尤看微信，一句也不回答）

丁一行　真没劲。

李进步　神经病。

（晚上）

丁一行　（对尤游）老尤呀，整整一天了，你也不理我们，大家这样住在一起还有意思吗？明天我去要求换房间，搬出去住。

李进步　我也搬出去，早就不想和他住一屋了。我俩还是住在一起。

（丁一行上床准备睡觉）

李进步 这么早就睡觉了？

丁一行 这样干呆着没劲，不如早点睡觉。

李进步 就是，我也睡吧。唉。

（第二天，天还没亮）

尤　游 （大叫大喊起来）啊呀，憋死我了，整整24个小时没有说过一句话，现在终于可以大喊大叫了，真舒服呀！

李进步 尤游，你发什么神经啊，把人家吵醒。

丁一行 你昨天是怎么啦？

尤　游 嘻嘻。我“辟言”。

李进步 你屁眼？

尤　游 你们不知道吧？“辟言”是我的新发明。

丁一行 你发明了屁眼？无聊。

尤　游 你们知道“辟谷”吧？

李进步 一会儿屁眼，一会儿屁股，你到底想说什么？

尤　游 “辟谷”就是不吃饭，在一定的时间内断食，是一种养生方法。

李进步 治疗精神病的一种方法。

丁一行 你昨天那样和“辟谷”有什么关系？

尤　游 你们有所不知，我发现自己最近话说得太多。话说得多容易失言、容易得罪人不说，还口干舌燥、脾胃发虚。

丁一行 你少说几句不就行了。

尤　游 不行，得从根本上治疗。

李进步 你想怎样？

尤　游　于是我就想到了“辟谷”。

李进步　我看你昨天没少吃呀?

尤　游　我“辟言”了。

丁一行　“辟言”?

尤　游　我坚持24小时不说一个字。无论你们怎么对我着急我都不开口。那个时刻啊，我心静如止水，修身养性脱凡俗。

丁一行　哈哈!你尤游这凡胎，就是一年不吃不喝、不言不语也脱不去这满身的俗尘。

再次戒烟

警告

尤　游　忍着不说话真的很难受。我现在真正理解关在监狱的单人牢房里长久没人说话的滋味了，真让人受不了。

丁一行　昨天你是有人说话而故意不搭腔，实施起来要比找不着人说话更艰难些。

李进步　要我说，最最难受的是所有的人都不理你，你找不着人说话。那种被孤独、被冷落的滋味，你不想试试？

尤　游　有道理。要不，先拿你试试？

李进步　尤游，我警告你，你小子如果再敢发神经，你不搬走，我搬走！

丁一行　我也走！

忘带红牌

另找搭子

丁一行　老李，怎么好久没见你玩麻将了？

李进步　没意思。

尤　游　哟，太阳从西边出来了？

李进步　那几个老搭子凑在一起就喜欢发牢骚，对这也看不惯，对那也不满意。骂来骂去，唾沫乱飞，还相互附和，好像别人欠多还少了一样。听多了太烦人。退出，不和他们玩了。

丁一行　怨天尤人的人负能量太大。负能量大了所以日子就不好过。日子不好过了就喜欢怨天尤人，这是恶性循环。

尤　游　这回我要表扬老李了。你这叫迷途知返。其实打麻将一点意思也没有。

李进步　那不行，过几天，等找到新搭子再玩。

尤　游　我说嘛。

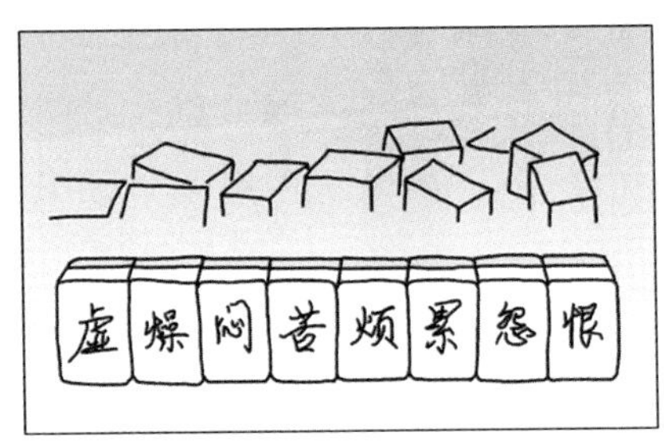

“骂将牌”

八品

李进步　打麻将对老人来说益处大于害处，我每天玩 3 个小时，半天时间很快就过去了。

尤　游　我们每天在一起聊天，时间也过得快呀。

李进步　那不一样。麻将室就像茶馆店，汇集各种社会信息和养老院里的消息。很多人来打麻将就是为了来说说话，听听“故事”。这家的婆媳吵架，那家的邻里闹矛盾，有埋怨子女不孝的，有炫耀家中好事的，都会在牌桌上说。

尤　游　还为了赢几个钱。

李进步　小来来，发不了财。零钱包里放个 200 元，能玩很久。

尤　游　既然赢不了，也输不了，不如不赌，还显得干净点。

李进步　那不一样。来钱，多少还有点小刺激。赢家数钱时的小得意，输家付钱时的小沮丧，还有故意装出的无所谓样子，都不影响友谊。

尤　游　我听老虞说，他老婆麻将如果打赢了，晚饭再简单的菜她也要多吃半碗，要是输了，就对饭菜左挑毛病右挑刺地不爽。

李进步　这种人我们不会和她玩的。

丁一行　麻将桌上能看出人的个性。

尤　游　也能看出人品。

负能量

丁一行　我有一位同事，算来还是一个高级知识分子，可整个人就是一个负能量的反应堆，凡是在中国发生的任何事情他都能够找到“喷”的理由。

李进步　好的事情也“喷”？

丁一行　任何事情他都能够找到喷口。

李进步　也许他工作不太如意吧？

丁一行　他激烈批评“双轨制”，说凭什么事业单位的待遇要低于公务员。他也不想想，每天坐在国家事业单位的办公室里，夏冷风、冬暖气，没事可以发发牢骚，还能评上高级职称，拿不低的薪水。再看看那些建筑工地上的工人，夏酷暑、冬寒风，一年苦到头也没多少工资。他怎么就没想着要把这个“双轨”也并一并？

李进步　差劲。

尤　游　我也认识一位所谓的“知识分子”，弄得好像很有思想似的。很多年前知识圈里崇尚“存在主义”，他开口就是萨特。后来弗洛伊德吃香了，他凡事就讲精神分析法。这以后不是《易经》，就是气功大师，还有一阵子迷上了什么功。到后来他发现没人对他津津乐道的那套东西感兴趣了，于是就干脆躲在家里与外界隔绝，还摆出一副“世人皆醉独我醒”的孤傲劲。

李进步 知识分子，思想要比一般的人复杂一点。

尤　游 跟风算哪门子知识分子。没有独立思想的人还不如贩夫走卒。我们这些没有多少知识的“分子”，还知道要靠努力劳动来换取自己较好的生活呢。

人不遛狗狗溜人

补水

李进步 来，我给你们看看相吧。

丁一行 你还会看相?

李进步 这不，正看书学呢。

尤　游 这年头看相、算命行当挺吃香的。我纳闷，这么多年的社会主义教育都干嘛去了。

李进步 别装正经了，我们还不知道你是什么人吗?我们闲着没事做，找找乐子。我先给老丁看。(一本正经地对照书本打量丁一行)老丁宽额阔鼻，面色红润。相由心生，老丁的面相不错，是个有福之人。

丁一行 谈不上。这辈子比上不足比下有余。

李进步 老尤，面呈灰色，印堂发暗，命里缺水，赶紧找一个水性杨花的女人补上这一块。

尤　游 不需要，我多喝水。

明白

李进步 （边吃西瓜边看电视新闻）40 多岁的儿子啃老，70 多岁的老父亲为了这个儿子，还在拼命打工。儿子倒好，坐享其成还觉得天经地义。我算想明白了，趁现在吃得动，多吃些，吃好些，对自己好些，不要太节约了。

丁一行 就是嘛。

李进步 哪一天吃不动了，都孝顺了儿孙，还不一定落得个好（大啖西瓜）。

丁一行 你总算是想明白了。

（第二天，李进步又在吃西瓜）

丁一行 老李，这半个西瓜你都吃两天了，还能吃吗?

李进步 这个瓜好，我喜欢吃，放在冰箱里不会坏的。

尤　游 想得明白，说得明白，不一定做得明白。

新买的车

票友

丁一行　幸福养老院有两位著名的京剧票友。

李进步　老苏和老魏。

尤　游　老苏 90 出头，老魏不到 70。

丁一行　他们都习老生。老苏学的是杨派，老魏谦称未流派。

李进步　他们的唱功都了得。老苏扮相好，韵味足，身段有模有样。老魏嗓音高亢，形象挺拔。

尤　游　老苏《失空斩》的一曲“我本是卧龙岗散淡的人”听得人荡气回肠。

丁一行　老魏《红灯记》的一首“提篮小卖拾煤渣”唱得人心潮澎湃。

李进步　老苏只唱传统戏。

尤　游　老魏只会现代戏。

丁一行　他们都是养老院的文艺活动积极分子。

李进步　他们属于两个时代的人。

尤　游　唱不到一块！

唱戏

李进步　幸福养老院还有两拨越剧老戏迷。

丁一行　她们都有自己爱戴的越剧流派。

尤　游　以王阿姨为首的几位独尊尹派。

李进步　以张阿姨为首的几位单推范派。

丁一行　偶尔看到自己的偶像演员，她们会像年轻的“粉丝”一样欣喜若狂。

尤　游　听到自己喜欢的唱段她们会如痴如醉。

李进步　她们只推崇自己的演员，欣赏自己的流派，对其他流派则轻蔑与不屑。

丁一行　为了表明自己拥趸的演员和流派要高于对方，她们会经常吵得不可开交，互不相让。

尤　游　她们也在人生的舞台上唱自己的戏。

算账

李进步　儿子贷款买房子，向我借钱付首款。

丁一行　你的房子不是已经给他了吗？

李进步　嫌小，要换大点的。

尤　游　怎么可以这样？

李进步　你们说是给还是不给？

尤　游　不给。要住大房子自己挣钱买。

丁一行　你儿子还不错，是借，没硬要。

尤　游　向父亲借和要有区别吗？不把老人榨干他们是不甘心的。

丁一行　话不能这样说，毕竟是儿子嘛。

李进步　唉，我死了还不都是他们的，不如趁早给他们，我还看得见。

丁一行　那你还问我们干嘛？

尤　游　老李，如果你把给儿子买房子的钱都用在自己身上，你就可以住养老院的大套间，每年出国旅游，每天抽名牌香烟，穿名牌衣服，不用再吃隔夜西瓜，不再纠结买便宜或贵的厕纸。

李进步　不要算了，算账我比你们都精。真要那样，儿子还会认我这个爹吗？

带壳入住的寄居蟹

闲的

李进步 看你老尤每天闲的，逛来逛去，也不参加一个兴趣小组，有意思吗？

尤　游 有意思啊。我在各个兴趣小组之间到处转、到处看。看打牌：为一副好牌打成了臭牌，双方争得面红耳赤，不欢而散。看合唱：指挥努力纠正音准，大家老也达不到要求，他仰天长叹，无可奈何。看桌球：一个个瞪大眼睛，摆足功架，恨不能吃了对方。看钓鱼：垂钓者晒着太阳，吹着清风，半闭双眼，表情朦胧，一根渔线垂入水中，可有也可无。看画画：书画结缘，闲情逸致，着墨挥毫，沉湎其中。怎么会没意思呢？

丁一行 你是看人看出意思来了。

李进步 我现在有点后悔，参加了太多的兴趣小组，现在是分身无术了。

丁一行 养老院的兴趣小组太多，活动太频繁，要是全都参加的话，肯定忙不过来。

李进步 我说，到了这养老院比在上班的时候还忙。你要是愿意，每天开会都开不过来。

尤　游 你可以选择几个真正有兴趣的玩玩，别弄得像个社会活动家似的。

李进步　现在都沾上了，甩不掉了。

尤　游　住养老院还有甩不掉的事情？

李进步　就拿今天下午的活动来说吧：墙报编委会要开下一期的编辑会议，我这个主编要主持。打麻将，三缺一。书画组要教新课，老师认真负责，都找上门来了，要不去，实在不好意思。

尤　游　你把墙报会议改个时间不就行啦？你是墙报主编嘛。

李进步　开会时间是老白定下来的，他是编委会主任，得听他的。

尤　游　难怪。呵呵。

丁一行　那你怎么办？

李进步　这样看行不行？你们各帮我一回忙。老丁代我去听书画课，顶个数。老尤去打麻将，输了算我的，赢了算你的。我记着，下次一定请你们喝饮料。

尤　游　我闲的。

活在希望

丁一行　二十世纪六十年代，我家的弄堂口外有一个摆修自行车摊的男人，大家都叫他老山东。老山东生有大小孩子大概7、8个。最大的那个儿子在工厂上班，都到结婚的年龄了，最小的那个还在吃奶。

李进步　那个时候还没有提倡计划生育。

丁一行　眼看着那个吃奶的孩子长大些了，嘭，他老婆的肚子又挺起来了。我们外人到最后也没有弄清楚他们到底生有几个孩子。

尤　游　生那么多孩子养得活吗?

丁一行　老山东一天的收入少得可怜。补一个车胎好像 1 毛钱，车胎打气每只 1 分钱。他们家没有一点余钱，每天都要拿现赚的钱去买米的，一般是下午，看看今天赚的钱够数了，就拿给孩子，让他们去附近的粮店把一天要吃的米买回家。他老婆更是每天到菜场去捡别人废弃的菜帮、菜皮。老山东很会做人，与邻里左右的关系都处得不错，大家也愿意时不时帮衬他们一点。

李进步　这一家日子过得挺艰难的。

丁一行　哎，你一点也看不出老山东发愁的样子，见人总是乐呵呵的。

李进步　生那么多孩子哪天是出头日啊。

丁一行　有人问他什么时候不再考虑生了，老山东说他的目标是生 10 个。

李进步　他特别喜欢孩子。

丁一行　老山东说：现在我们苦一点，累一点，慢慢把孩子养大了，等到他们能够挣钱了，每人每月给我们 10 块钱，我们每个月就有 100 块钱了，到那时候，我们也是富人了。每次讲到这里他都会显得很幸福。

李进步 这老两口后来享福了吗?

丁一行 后来老山东死了，再后来听说他老婆也死了。他们的孩子有的上山下乡，有的继承了修理自行车的行当，更小的那几个我就不知道他们的人生去向了。我可以肯定老山东夫妇没有从孩子身上享受过一天福。

李进步 他这一辈子算是亏大了。

尤　游 不。他一辈子都活在希望中。不亏!

降低标准

李进步 想想的确蛮吓人的，过去一块钱是穷困人家一天的生活费，现在掉在地上也懒得捡起来。

丁一行 你这是哪个朝代的老皇历啊，还翻出来。

李进步 我是举例子，反正钱是越来越不值钱了。

丁一行 我也来举个例子：过去买一辆自行车要攒一年的钱，现在你一个月的收入可以买N辆自行车，你说这钱是值钱还是不值钱?

尤　游 钱是不值钱了，是人值钱了。

李进步 当然现在收入是高了，可是生活压力反而越来越大。

丁一行 因为大家对生活品质的要求高了嘛。

李进步 就怕将来物价越来越贵，而我们的退休金老不涨。

尤　游 不用担心的，它不涨我们可以把它省出来：戒烟、戒酒、戒鱼肉。既省了钱又有利于健康，一举两得。

李进步 那也省不了多少。

尤　游 那就住四人间，睡大通铺，再不行睡马路，活人还能被尿憋死。

通货膨胀

战争

李进步 假如真的有一天，我们沦落到像媒体报道的，资本家的企业倒闭，老板无处安身，晚上被迫在马路上睡纸板箱，怎么办？

丁一行　还能怎么办？睡呗。

尤　游　“睡——呗”，你说得很轻松。

丁一行　那还能怎么说？

尤　游　老李，你也“睡——呗”？

李进步　我睡不了。真要是走到那一步，活着还有什么意思？

尤　游　老丁回答得很轻松，是因为你知道在你的身上永远也不会发生这悲惨的一幕。你有孝顺你的女儿，有财力雄厚的女婿，更让你不必担心的是我们有国家对我们老百姓的保障体制。

李进步　所以我们什么也不用担心，一心一意过好现在和未来的日子。

尤　游　我们真的一点也不用担心吗？

丁一行　不用担心。

李进步　还有什么可以担心的呢？

尤　游　假如，明天战争爆发了，瞬间摧毁了我们赖以生存的一切。我们的子女连他们自己的命都顾不上了，更何况我们。国家进入战争状态：战争动员，物资调配，前线支援……

李进步　然后呢？炮火连天，人心惶惶，每天只关心战争的进程。

丁一行　生活呢？没啦。没有猪肉、没有米面、没有果蔬，发一点霉豆子果腹。

尤　游　幸福养老院变成了难民营。每天都有大量难民和伤员涌入，我们这333室又挤进十几个人，屋子里臭烘烘的，就连门口的走廊也挤满了人。

李进步　要上厕所得从人的身上跨过去。

尤　游　还上什么厕所，那里也住着人。何况自来水厂被炸，早就断了水。要方便，去楼下野地里吧。

丁一行　不知道什么时候一颗导弹会落到我们头上。

李进步　最担心我的孩子们，他们还好吗？

丁一行　怎么描述得像电影拍出来的一样可怕。

尤　游　战争的真实过程比电影里所表现的场景更加残酷。今天的和平日子，我们享受着地青青，天蓝蓝，鸟儿鸣啭，牛羊漫野的诗情画意。一旦战争来了，那就是硝烟弥漫，哀鸿遍野，无家可归，九死一生。

李进步　不敢想象。

尤　游　真到了那个时候，如果能在僻静的马路上，给你安排一个大大的、结实的纸板箱，让你安安稳稳地裹上被子睡上一觉，已是一件不敢想象的美事了。

丁一行　要珍惜现在的和平生活。

李进步　如果打起仗来，我们也会变成像叙利亚和阿富汗那样的难民。真要那样，简直太可怕了。现在我们太幸福了。

尤　游　请记住，战争的悬崖也许就在我们面前，而我们随时都有可能坠入其中。

丁一行　真的那样，也没办法。

李进步　不过打仗是不可能的。

尤　游　在这个世界上没有不可能的事情。

情商与智商

丁一行　老李的儿子还是不错的。

李进步　还是你养的女儿好，又摊上这么有出息的女婿。

丁一行　我女婿年纪不大，野心不小，我真担心他把握不了自己。

李进步　你女婿看起来还是很稳重的。

丁一行　没那么简单。

李进步　有什么不好的苗头吗?

丁一行　个性，懂吗? 世上的事，成也个性，败也个性，我们都是这样过来的。

李进步　那你要当心，经常向他敲敲边鼓。

丁一行　没用的。我们年轻时听过老子的话吗?

李进步　这倒也是，当初我要是肯听家父的哪怕一丁点忠告，也不会混成现在这个样子了。

尤　游　你还想怎样? 人生就像是一只漂浮在大海上的小船，情商是轮舵，智商是动力，你哪样够? 我看你能有现在这个样子已经要烧高香了。

后果

尤　游　你们不想问问我的儿子?

丁一行　你不愿意谈，我们也不好多问。

李进步　你儿子还好吧?

尤　游　好，好得不得了。成功人士，著名外国公司中国区的CEO，有漂亮能干的老婆，有聪明的儿子，有豪宅、名车。

李进步　哇！太厉害了。你今后不用发愁了。

丁一行　这么优秀的儿子值得你骄傲。

尤　游　可这一切与我又有什么关系呢?

李进步　怎么没关系？你的儿子啊。

尤　游　我和他妈妈离婚，小时候她妈妈带他很辛苦，这一切让他怨恨至今，一直和我很疏远。

李进步　自己种的恶果怨不得别人。

后果

大同小异

李进步　活到我们这把年纪看到太多的人生起伏、悲欢离合。

丁一行　就像老尤说的，人生是漂浮在大海上的小木船，随潮涨，随潮落，关键是要定好目标，不要走偏了。

尤　游　当然还得看运气。

丁一行　做人要有基本原则，要有定力。

李进步　我的一位同学，农村人，毕业后仕途很顺，最后当了一个城市的交通局局长。

尤　游　交通局局长这个位子风险很大，大过上战场。

丁一行　还在于自己的把握。

李进步　后来同学爱上了一个不该爱的女人，为了讨好这个女人他不惜以身试法，最后弄得妻离子散，身陷囹圄。

丁一行　讲讲具体的。

尤　游　不用听他讲了，太多太多的故事大同小异。

溺爱

李进步　讲讲我的一位同事。他中年得子，夫妻俩对儿子是百依百顺，言听计从。

丁一行　溺爱是害。

李进步　后来儿子不学好，迷恋上了赌博，打着父母的旗号到处借债。平时这对夫妻最要面子，开始他们还想方设法替儿子补上窟窿，卖首饰、卖房子，最后在精神和经济上实在承受不了了。

尤　游　和他断绝父子关系，让他自己承担责任。

李进步　后来儿子因为抢劫被判了刑，他们夫妻感到自己没有把孩子教育好，对不起孩子，他们没脸再活在这个世界上了，就双双服毒自杀。

丁一行　哎，这可不对。

李进步　后来丈夫被救下来，妻子死了。

尤　游　丈夫这时候应该醒悟了吧？

李进步　他天天都在盼望着每月一次的探监日，为的是给孩子送点零花钱去。

尤　游　哎，可悲啊！

怕它溺水

西瓜

尤　游　有一次我家吃西瓜。我刚把半个瓜切好片，儿子就在每一片瓜上都咬了一口。

李进步　中间的那一口最甜。

尤　游　他咬完就要走。我让他站住。

丁一行　得和他说道理，告诉他这样不好。

尤　游　他怎么就不好啦？他喜欢吃很好啊。

李进步　就是。

丁一行　有你们这么惯孩子嘛。

尤　游　我告诉他，这些被他咬过的瓜必须全部吃干净。

李进步　他能吃得了那么多吗?

尤　游　吃不了那么多为什么都要咬一口?

李进步　小孩子嘛，都是这样的。好东西我们不都留给孩子嘛。

尤　游　在我的家不可以。

丁一行　他吃了?

尤　游　必须吃。而且我要求他必须吃干净。结果他是流淌着眼泪，磨磨唧唧吃完的。

李进步　你也太过分了。

尤　游　这样吃瓜的小孩，如果不纠正，长大了就会吃父母。

【陆月】

干杯

（李进步和尤游在屋子里忙着，准备给丁一行一个生日的惊喜）

尤　游　老李，你怎么知道今天是老丁的生日？

李进步　春节过后，我就去院办公室把他的生日给查到了。前几天我又让管家把院里准备好的贺卡要来了（拿出贺卡，放在蛋糕旁）。老丁准忘记了自己的生日，我们给他一个惊喜吧。

尤　游　（取来红酒）你是有心人啊。

李进步　你的这瓶红酒不错。

尤　游　你的蛋糕更好。“一行大哥生日快乐”，这几个字裱得漂亮。

李进步　估计老丁快回来了。要不你把红酒倒上。

尤　游　好。正好可以让酒醒一醒。

（尤游倒酒，摆好酒杯。他们听到丁一行回来的声音，两人赶紧躲进厕所。丁一行进屋，看到桌上的东西）

丁一行　哇！好隆重啊！人呢？放着一桌的好东西不吃，躲在厕所里吃什么呢？

（李进步和尤游从厕所里出来）

两　人　祝大哥生日快乐！

丁一行　看，我都忘记了。亏得你们记得。谢谢！谢谢！

尤　游　是老李有心。

李进步　都有心。都有心。

尤　游　老丁的出生日选得好，六一儿童节。

李进步　老丁永远是年轻。

丁一行　我父母只知道我的阴历生日，记不准公历我是哪一天出生的，只知道是六月份。那年进小学，老师问起我，我回答不知道，老师想了想说：就六一儿童节吧。好记。

尤　游　和全世界的孩子们一起过节，真好。

丁一行　生日的准确日子对我来说一点也不重要，重要的是还有人想到为我庆生日。谢谢啦！

尤　游　对。为友情干杯！

三　人　干杯！

未必

丁一行　801 室的邢老师抱怨：几个孩子吵着要他把全部财产包括房子全都归到他们的名下。

李进步　最近邢老师和 903 室的闵老师走得近，孩子们的担心可以理解。

丁一行　老人有权处置自己的财产，他们这样做有点过分。

李进步　老人把财产安全地交到自己孩子的手里没错。

丁一行　那也不能逼老人呀？

尤　游　这要是我的儿子，一分钱都不给，统统拿去做慈善。

李进步　说大话容易，到时候你未必下得了狠心。

真的没有了

触景生情

李进步 刚才我看到老孙的太太……不，是女朋友。

尤　游 她住进来啦？

李进步 还没有。老孙带他参观，各处走走，熟悉熟悉环境。

丁一行 他们关系怎么样？

李进步 我一眼就可以断定他们不是初相识。

丁一行 你怎么知道？

李进步 那么亲昵，那么自然，那么随意，俨然就是一对老夫老妻。老孙风度好，老太太气质佳，他俩是郎才配女貌，可惜当年没能成为一对。

尤　游 你是在哀叹自己吧？是不是触景生情，又想到当年你那位跑掉的“美人鱼”啦？

表达方式

李进步 今天打桌球，老孙兴奋异常，调门也比平时高了许多。

丁一行 是啊，有女朋友在旁边观战嘛。

尤　游　老孙的女朋友气质好，年轻的时候是个大美人。

李进步　男孩爱在女孩子面前逞能、摆酷，没想到老了还这样。

尤　游　是你的那条“美人鱼”没有游过来，要是她在这里，你还不知道会有多“扎台型”呢。

丁一行　我相信会的。

李进步　老了，没有年轻人的激情了。

尤　游　年轻男人也好，老男人也好，终究都是男人，表达的程度可以有强弱，但表达的方式还是差不多的。

得心应手

心有余悸

丁一行　我一直很好奇，我到欧洲旅游，看到那里的许多动物都不害怕人，与人走得很近。我在一个旅游景点亲眼看到，那里的麻雀竟然飞到人的手上来啄食，简直太不可思议了。

李进步 人家重视环境保护，人与动物和谐相处的理念深入人心嘛。

丁一行 我们国家经过这么多年的努力，人文环境和自然环境也有了根本的改变。小小麻雀早就列入国家的二类保护动物名录，为什么它们还是那么害怕我们呢？

李进步 麻雀的胆子确实小，有一点点动静它们就成了惊弓之“鸟”。老尤每天在窗台上喂麻雀，它们总要等老尤走开后，在确保绝对安全的情况下才敢过来吃食，一点良心都没有。

丁一行 现在已经很少有人再会去侵害麻雀了。

尤　游 现在是很少有人去侵害麻雀了，但是当年的“打麻雀运动”让它们与人结下了深仇大恨。据说有20亿只麻雀被活活累死、毒死、打死。它们的巢穴被捣毁，鸟蛋被打烂，这些它们能忘记吗？

李进步 那些陈芝麻烂谷子的事情都过去那么多年了，麻雀还能记得？

丁一行 老尤说的有道理，也许那段悲惨的经历早已渗透到它们的基因里了。

李进步 还真能记仇啊。

尤　游 记吃不记打的那是猪猡。

罩不住

心里话

李进步　凭良心讲，现在让你们独自到发达的西方国家去生活你们愿意吗？

丁一行　我不愿意。

尤　游　我愿意，不过要有条件。

李进步　都说说理由。

丁一行　语言不通，连门都不敢出，见到的都是陌生洋面孔，搭不上话，还不像傻瓜一样。

李进步　老尤呢？

尤　游　得给我足够花的外币。我租高档社区住宅，我请翻译、聘司机、雇保镖、佣保姆，保障我的生活能够在当地正常运转。我一掷千金，花天酒地，广交豪门雅士，参加各种社交派对……

丁一行　你以为你是总统啊。

李进步　他是在做梦。

尤　游　当然，这不过是玩笑话。说心里话，到了我们这把年纪，除了自己的国、自己的家，我哪里都不去。

大合唱

丁一行　热闹了，三个唱歌小组为抢地盘吵得不可开交。

尤　游　哪三个组?

丁一行　美声组、民歌组和流行歌组。

尤　游　把时间错开不就没矛盾啦。

丁一行　不行，每周只有两天的九点到十点半是唱歌小组的排练时间，其余时间院里要安排其他的活动。

尤　游　另找地方不行吗？非得往一起凑。

丁一行　多功能厅的音响效果最好，都抢着要用它。

尤　游　这就有点难办了。

李进步　我看一点也不难办：把三个小组合并成一个大组，唱大合唱。不允许各唱各的，搞小团体。大合唱显示幸福养老院的大团结。有气势。

大合唱

涮牛肉

李进步 汤局长又在对护工发脾气，他以为自己还在位子上，不改他当官的脾气。

丁一行 在位时看官品，离位了看人品。人品不好就不会有好官品。

李进步 有道理。

尤　游 未必。官场黑时，亮堂人也会阴暗，反之，龌龊人也不敢太黑。

李进步 辩证法。

丁一行 关键还是自我把握，做人心里要有底线。

李进步 听说汤局长在位时还是蛮牛的。

尤　游 再大的牛也涮得完。

再大的牛也涮得完

何必呢

李进步 杨部长就不错，见人蛮客气，也没大架子。

尤　游 听说在位时也是个厉害的角色。

李进步 现在看不出能厉害到哪里。

尤　游 他老婆身上就能映出他的影子：蛮横、虚伪、俗气、趾高气扬。你们看，每次吃完饭，只有她把盘子放在桌子上就扬长而去，连腿脚不便的老人都自己把盘子送到洗碗处，尽量不麻烦管家呢。

李进步 他是他，他老婆是他老婆，不可以混为一谈的。

尤　游 他老婆身上的那些刁蛮气是怎么来的？还不是长期依傍在权力身边养成的。

丁一行 “谁人眼前不说人，谁人背后无人说。”我们眼睛盯着别人，或许别人正看着我们。我们在议论他人，或许他人也在谈论我们。大家都入土半截了，何必呢？

苹果

丁一行　我看你老尤的心态有问题，看不上当领导的。

李进步　这是由他的社会地位决定的。

尤　游　老李说的有道理，但不全对。我们还是来做一个实验吧。

李进步　什么实验？

尤　游　我先分配一下角色：老李当我的领导，老丁是老李的领导，我是普通小老百姓。

李进步　你想干什么？不会又要作弄人了吧？

尤　游　现在放在我们的面前有一只苹果。我呢，手里什么水果都没有，于是很需要这个苹果。老丁手里有梨、有桃子，但是没有苹果。

丁一行　你演的是哪出戏啊？

尤　游　现在让老李来作分配，你是把苹果分给老丁呢，还是分给我？

李进步　这个……不好办。

尤　游　能犹豫，说明你还是个不错的领导。

丁一行　就分给老尤吧，他什么水果都没有嘛。

尤　游　老丁这个领导也不错。不贪心，而且，还能够体察民情。

丁一行　我们大多数领导干部都能够做到这一点。

尤　游　那当然。不过，如果老丁不发话，只用眼睛看着老李，这时候，你老李该怎么做？

李进步　我刚才说过了，不好办嘛。

尤　游　在我看来，没有什么困难呀？你把苹果分给我是最合理的，因为我手里没有水果。还有一个分配办法也不错：你把苹果分给老丁，再从老丁手里拿过一个梨或桃子分给我。很简单的一个分配方法，为什么就不好办了呢？

……

尤　游　问题很简单。老李很在意老丁，老李不可以让他不高兴。老李不在乎我，因为我的情绪起伏无关紧要。既然我被冷漠、被无视，我为什么要摆出高兴、满足的样子呢？我为什么就不可以适度发些议论呢？你们还能说我是心态有问题吗？

李进步　不就一个苹果吗，哪来的那么多牢骚？

八面来风

丁一行　老何 1949 年还在读初中，现在却享受了离休待遇。

李进步　在评定离休待遇时，当年和他关系最要好的地下党高中同学帮他作证，说他参加了组织的外围工作。

丁一行　他参加了吗？

李进步　1947 年反饥饿反内战运动的一次游行，他拿了一面小旗子跟在队伍里。

丁一行　你是怎么知道的？

李进步　我怎么就不能知道？

丁一行　这养老院也是四面来人，八面来风啊。

尤　游　设想一下，如果当年那位同学被捕了，老何是急于与组织重新建立联系呢，还是赶紧与他的这位同学撇清干系？

李进步　不好说，如果建立联系就有可能被捕牺牲；如果撇清干系就没有今天的离休待遇。

尤　游　没有如果，只看结果。

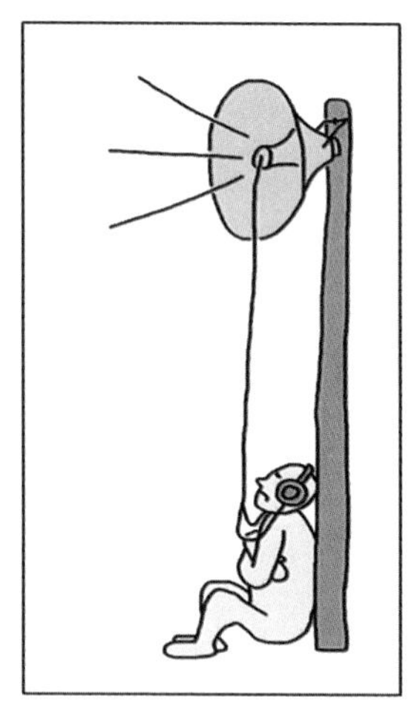

内部消息

没戏

李进步　有人提出要延长领导干部的退休年龄。

丁一行　也没错，组织上要培养一个称职的干部不容易，往往政治和业务上刚刚成熟就到了退休年龄，对人才建设是个浪费。

李进步　也有问题，到年龄不退下来，让年轻人怎么接班？

尤　游　依我看，应该按照等级来确定退休年龄。

李进步　怎么个等级法？

尤　游　部级 80 岁退休；局级 70 岁退休；处级 60 岁退休；科级 50 岁退休；科员 40 岁退休；像我这种无级别者不用工作就退休。

李进步　你不工作干什么？干坏事呀？

丁一行　这种严肃的事情是不可以拿来开玩笑的。

李进步　再怎么规定都没有你老尤的戏。

老水手

李进步　隔壁新来的老先生说话哇啦哇啦，也不怕烦人。

丁一行　86 岁了，精力还那么旺盛。

尤　游　不顾及别人的感受。

李进步　不能轻一点说话吗，别人又不都是聋子。最恨就是在公共场合哇啦哇啦的人。

丁一行　听说他十几岁就上货轮当了轮机手，大半辈子在海上度过。多年前他和一艘老旧的大货轮一起退休。他有无人替代的高超技术，硬是让这艘破轮船在海上多行驶了十几年。在机器轰鸣的轮船底舱里，不大声说话别人什么也听不见，于是大喊大叫成了他的习惯。如今上岸了，因他的听力严重受损，柴油机隆隆的余音始终在他耳边回荡，他大声喊叫，似乎只有这样才能让人听清他的说话。

李进步　哦。原来这样。我错怪他了。

尤　游　我也错怪他了。不过，也怪他有一难得的唱黑头的好嗓子，洪亮冲天、震惊四座。

丁一行　所以，每一种行为习惯的背后都有它生成的原因。

想当年

丁一行　老尤，这就是你的不对了，葛老在讲他的革命经历，你不好好听还玩手机。

李进步　摆出一副不屑的样子。

丁一行　葛老很不高兴呢。想当年，他们出生入死打天下，挣下这个江山容易吗？

李进步　就是。你这样弄得我们也很尴尬。

尤　游　他每次来就是为了炫耀他的那点东西，烦人不烦。

李进步　他有资本炫耀啊，想当年……

尤　游　想当年，我的战士就死在我的怀里！

……

曾经

永恒

丁一行　我没事的时候通过观察和排摸，仔细数了数，我们幸福养老院的住养老人一共有786人。

李进步　数他干嘛，你到院里的办公室去问一下不就知道啦。

丁一行　没事干，练练脑子。我说的是到今天上午10点钟之前的数字。这养老院的“人事”变化快，过了这个时间就说不准了。

李进步　呵呵。

尤　游　算人头，不稀奇。我数窗户。我们养老院共有1228扇窗户。

丁一行　一扇不多一扇不少？

尤　游　精确度百分之百。当然不包括老郑头养八哥的那个鸟笼，如果每一个栅栏都算作一个“窗”的话。

丁一行　是吗？

尤　游　我把这事儿弄清楚花了半个多月，中间漏数、错数好几次。看，这是我做的表格，有了它就不会错了。

丁一行　太厉害了。

尤　游　下一步我还要数养老院有多少块铺路砖呢。

李进步　你有那闲工夫倒不如去数一数这满院的月季花，还有些美意。

尤　游　花开花落无定常，这些窗户和地砖相对于我们这些行将就木的人来说是永恒的。

配对

李进步　老尤，你在干嘛？

尤　游　我在配对。

李进步　配什么对？

尤　游　养老院现有单身男士136人，单身女士284人。我尝试着给他们配相好。要年龄相当、志趣相投、容貌相近，经济相靠。还真不容易配得上。

丁一行　你是吃饱了撑的吧。

尤　游　多动脑子不得老年痴呆。

李进步　有配上的吗？让我看看。

尤　游　此事着实有趣，唯我独享，不可示人。

李进步　你把谁配给老丁啦？

尤　游　好人儿、妙人儿，只待瓜熟蒂落时。

李进步　那我呢？

尤　游　没有一个配上的。

李进步　都配不上我。

尤　游　你——谁都配不上。

难

丁一行　老尤，你为别人配对，就没有替自己配配？

李进步　是呀，你和哪位美女配上啦？

尤　游　别说，还真没有配得上的。

丁一行　是你配不上别人还是别人配不上你？

尤　游　都有。

李进步　还有别人配不上你的？就你这条件，要钱财没钱财，要相貌没相貌。

丁一行　老李说这话还真没有贬低你的意思。

尤　游　哈哈，按照你们的意思我应该找一位相貌丑陋的穷女人啰？

李进步　哎，真让你说对啦。

丁一行　那也不至于，老尤这条件还是能够找到好女人的。

尤　游　怎样才能算得上是好女人？漂亮、有钱？

李进步　这是基本条件。

尤　游　对我来说这是过去式，现在已经不重要了。

李进步　所以，你现在不介意“相貌丑陋的穷女人”了。

尤　游　撇开你说的这些庸俗东西，我告诉你我最需要的是什么。

丁一行　是什么？

尤　游　要心心相通：相近的理念，各有爱好；我说的她明白，她说的我理会；我的坏习惯她能够容忍，她的缺点我能够宽待，就像和亲人生活在一起。

丁一行　一个字："难"。

李进步　两个字："很难"。

尤　游　所以我们三个老"难"人住在一个屋檐下。

父亲节

尤　游　儿子打给我 888 元钱，不知道有什么用意。

李进步　你是真不知道还是装糊涂？8 是"爸"的谐音，父亲节，儿子喊你一声爸爸嘛。

尤　游　我还是搞不懂呀，两个 8 是"爸爸"，那多出来的一个 8 又代表什么呢？

李进步　还能代表什么？给你 88 块钱拿不出手，叫你两声爸爸，8888 块又舍不得。

尤　游　哼，叫两声爸爸都不肯，这钱我要它又有何用？

李进步　你要孩子叫你两声还不容易？给你 88 块 8 角 8 分你就满意了。

丁一行　不。给他两坨狗屎粑粑，他才会满意。

李进步　哈哈，吃瘪。

再小也是兵

忘情

丁一行　老李，你今天跳舞的时候有点失态，搞得舞伴多不好意思。

尤　游　人家可不是你的老婆，你也太随意了吧？

李进步　唉，那一刻我还真把她当成我的妻子了。那颦、那笑、那舞姿、那神态，我是有点忘情了。真不好意思。

丁一行　下次跳舞的时候可要注意了。

李进步　今后我再也不跳舞了。太折磨人！

退化

丁一行　人老了，五官退化得厉害。现在我是好话听得清，坏话听不见。

李进步　我是无关的事看得明，麻烦的事看不见。

尤　游　我是有意思的话说不出口，无关紧要的话随便说。

丁一行　哈哈。

李进步　嘻嘻。

尤　游　呵呵。

美丽

李进步　我有一个发现：一些年轻时的丑女，到老了也就不显得那么丑了。

丁一行　那是因为一些年轻时的美女也在变老、变丑，殊途同归嘛。

尤　游　老李，你老实说，这养老院有你喜欢的女人吗？我可以给你参谋参谋。

李进步 我老邦瓜一个，没有妄念了。

尤　游 此言差矣。老骥伏枥，心系美女。

李进步 养老院哪来的美女？

丁一行 你这话说得不对。在我看来，有的女人是越老越有女人味，越老越美丽。

尤　游 老丁说出了我的心声：有些女人我们只能看到她衰老的现在，而有些女人则可以透过老年的现在看到她年轻美丽的过去。

文火熬茶慢慢浓

【柒月】

离休待遇

李进步　院里的那个所谓“老红军”，1937 年红军改编时他才 8 岁。说他是红军的儿子我信。

丁一行　那也不一定，小兵张嘎子不就是小八路吗。

尤　游　红军是个大概念，我看凡参加过红色军队的，都可以叫红军战士。

李进步　那你也算是红军喽?

尤　游　可惜我享受不到离休待遇。

我是爷爷

一念之差

丁一行　说起离休待遇，老杜一肚子委屈。

李进步　怎么啦？

丁一行　他 1949 年参军，部队南下，到广西剿匪，被土匪的子弹打掉半只耳朵；抗美援朝，他又被冻掉那半拉耳朵；回国，部队整编为工程兵部队，打山洞，他被机器切掉了另一只耳朵。整个成为一个无耳人。

李进步　怪不得留着长发，弄得像艺术家。

丁一行　功勋章、奖状一大堆。

李进步　英雄。

尤　游　1949 年 10 月 1 日之前参加革命工作的应该享受离休待遇。

丁一行　他怨就怨在这里。1949 年 8 月参的军，为了纪念开国大典，他填表时硬生生地把日期改成 10 月 1 日。就这么激情了一下，把离休待遇给弄丢了。

李进步　可以向组织解释一下嘛。

丁一行　白纸黑字，人家只认这个。

李进步　亏大了。

尤　游　一念之差。这就是命！

丁一行　当年和他一起参军的战友全都享受离休待遇，你们说他倒霉不倒霉？

尤　游　比起那些战死在沙场的战友，想想也没有什么可抱怨的。

身外之物

嫌

尤　游　我有一个重大的发现。

丁一行　什么发现？

尤　游　关系亲密的夫妻，再小的床也不嫌小；关系紧张的夫妻再大的床也嫌小。

李进步　我也有一个发现。

尤　游　你会有什么发现？

李进步　你老尤不是嫌床太小，而是嫌床太少。

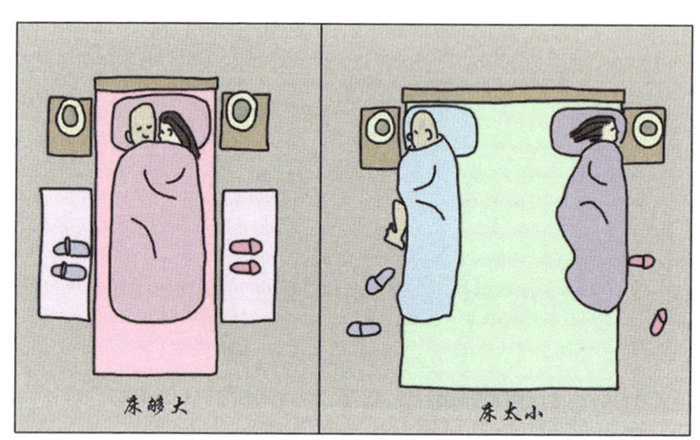

床不在小，有情则宽

陶片

李进步　座位已空。儿科女医生离开养老院有些日子了。

丁一行　我想可能她出国了。

李进步　也许她找到了新丈夫。

丁一行　或许她病了。

尤　游　老李，你想她了?

李进步　没有。只是好像少了点什么。

丁一行　看来你应该再去找个老婆。

尤　游　结婚太麻烦，这年头，男人在家做牛做马没意思。

李进步　能为心爱的女人做牛做马其实是很幸福的。

尤　游　你在单恋。

李进步　是精神依托。

丁一行　我们就不是你的精神依托啦?

李进步　三个老男人在一起就是一堆干土。女人是水，有了它的滋润，那土才能孕育万物。

尤　游　我们早已被烧成了陶片，浇再的多水也不管用。

说不清楚

丁一行　我们用一句话来介绍一下自己的太太吧。我出的题目我先来：在我太太心里女儿比老公重要。

尤　游　这很正常，孩子是女人身上掉下来的肉，你又不是。

丁一行　老李接着说。

李进步　我老婆说，怕风怕雨怕摔跤，就是不怕我。

尤　游　弄不好你还怕她。看来她要么是被你宠的，要么你有什么把柄捏在人家的手里。

李进步　不可能。老尤你老婆呢?

尤　游　她爱我，我不能让她爱我；我爱她，我不能爱她。

李进步　什么乱七八糟的。

丁一行　什么意思?

尤　游　没有意思。

李进步　你说清楚嘛。

尤　游　以后你们会知道的。

问题根源

丁一行　再用一句话说说我们的孩子吧。

李进步　我先说。借用老丁的话：在儿子的心里老婆比爹重要。

尤　游　你当然不重要啰，没有房子、没有钱。你现在不但不重要，还是人家要尽的“义务”。懂吗？你、我、他，都只是孩子们的一个“义务”。

李进步　我儿子还算是孝顺的，我心里有数。老丁呢？

丁一行　我女儿自认为是我的保护人。

尤　游　也就是说，你已经没有能力了，再下去就要进入老年痴呆行列了。

丁一行　从你嘴里出来的就没个好话。下面听你老尤的。

尤　游　他的妈是妈，他的爹不是爹。

丁一行　这真不应该。

尤　游　没什么该不该的。皇上不顾百姓，还要百姓效忠，岂有此理？

李进步　呵呵，你居然也知道自己和儿子之间的问题了。

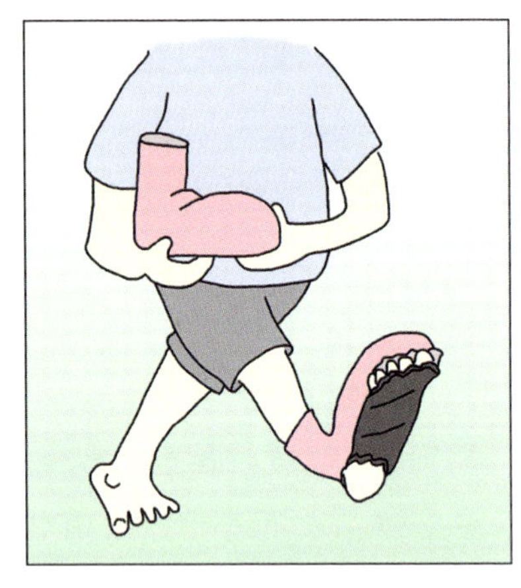

厚此薄彼

孩子

尤　游　讲到儿子，他小的时候有些事情，现在想起来还是很温馨的。

丁一行　孩子小时候都很可爱。

尤　游　我爱喝酒，虽然浸淫酒汁多年，然而从来没有喝醉过。日日品尝，喝舒服即止。

李进步　你这辈子就离不开酒了。

尤　游　有一天喝酒，老婆怕我喝坏了身体，夺走酒瓶。我开玩笑说，拿走老酒不如先把我的命拿去。儿子听了当真，急忙拿来酒瓶为我斟上说："爸爸，你随便喝吧。"

丁一行　那时候你儿子很爱你的。

尤　游　我也很爱他。

李进步　有一次我和太太闹别扭，我心里郁闷得很。那时儿子才上小学，在接他回家的路上我和儿子说起这事，想让他给评评理。

尤　游　你儿子怎么说？

李进步　他说："妈妈就是这样的。你要是想生气，你就把气往我身上撒吧。"

尤　游　你还生气吗？

李进步　儿子都这么说了，我还有什么气可生的？

尤　游　有意思。

丁一行　我夫人走的那天，女儿紧紧地抱着我，就像她小的时候我抱着她那样。她哭着对我说："爸爸，有我呢，我会永远陪在你身边的。"

尤　游　可你现在住进了养老院。

丁一行　我们的心贴得很近。

尤　游　那些日子令人怀念！

可怜爷爷

情结

尤　游　我在孩子心里重不重要没有多大关系。我不指望他们能对我多好，我对他们唯一的希望就是他们能给他们的孩子创造一个和睦、幸福的家。

丁一行　一个家可以富裕，也可以不富裕，最要紧的是安全。大人平平安安，小孩健健康康。宁愿穷一点，也不可不择手段，触犯法律，到头来竹篮打水一场空不说，还弄个身败名裂，家破人亡。

李进步　这个问题我们不用担心，我们的孩子都是守法公民。

丁一行　你们不担心，我担心。

尤　游　你是说你女婿吧？

丁一行　反正这是我的一块心病。

尤　游　老丁的心情我理解。要我看，不让父母操心，让老人安安心心地度过晚年，才是最大的孝。

李进步　这辈子能一直看着孩子们平平安安是我最大的愿望。孩子的幸福就是我的幸福。不要说我省吃俭用攒钱给孩子是傻瓜，那钱要是全都用在自己身上：好烟，吸不进；好衣，穿不了；好饭，咽不下。给了孩子，看他们过上好日子，我才舒心。

丁一行　我们这一代人大多都是这样的。

尤　游　我们的下一代也会是这样的。

我要扣篮

放飞

李进步　外面下着蒙蒙细雨。老陈连雨衣也不穿，围着养老院的院子，把个电瓶车开得飞快。

丁一行　他患过脑梗，走路蹒跚，开车倒没有一点障碍。

李进步　无论刮风下雨还是酷暑寒冬，他每天都要这么“疯”上半个小时。

丁一行　离开电瓶车，他又会变回那个木讷、迟钝的老陈了。

尤　游　憋了太久的人需要找到宣泄的管道。老陈就是利用电瓶车的速度来尽情地放飞自我。

礼物

李进步　孙子今年初中毕业，我要给他买礼物。孙子说，他想从爷爷那里得到一件有意义的礼物。你们给我出出主意，送什么最好？

丁一行　他这是在考你。我看就送个手机吧。

李进步　他有手机。

丁一行　现在的孩子什么都不缺，要说有意义就犯难了。还是给个红包吧，实惠。

李进步　老尤，你有什么主意？

尤　游　这有什么好犯难的？当年家父成年时，他爷爷送给他一把剃胡须的折刀，我成年时爷爷送我一把安全剃须刀。你现在送一把电动剃须刀给孙子吧。

李进步　这个主意还真不错。他也快成年了，送剃须刀蛮有象征意味的。

丁一行　就不知道你们的孙子将来还能送什么样的剃须刀给他的孙子。

李进步　科技发展的速度惊人，到那时或许还真的会出现我们意想不到的剃须用具呢。

尤　游　也许那时候科技发达了，男人胡须的长短、粗细、颜色、式样，或去或留，都可以通过生物技术自由调节了。

知己

（养老院会所茶室朝南大窗前的一张圆桌前，两位老人相对而坐，深情地看着对方，默默无语）

李进步　粟老先生和年老太太每天早餐后都坐到这里，一直要到吃午饭了才离开。第二天又是如此。日复一日，年复一年。

丁一行 打从我进养老院就是这样，听说有6、7年了。那两个座位谁都不会去占，大家心照不宣地留给他们。

李进步 听说他们是进了养老院才相识的。他们会经常手拉着手，喁喁私语，似乎有诉不尽的话题。有时候就这样深情地看着对方，默默无语，俨然就是一对恩爱的老夫老妻。

丁一行 两位都是九十多高龄的老人了，能够在生命的晚年遇见一位知己，幸莫大焉。

尤　游 我每次进茶室都会情不自禁地先去看那边的位子，真害怕哪一天看到的只有孤零零的一个身影。

习惯

尊重

丁一行　搞卫生的蔡阿姨送了一袋番茄给我，说是她家种的。我放在桌子上，谁想吃自己拿。

李进步　蔡阿姨怎么会想到送你东西的？

丁一行　我想可能是我平日里见到她很客气吧。她们很辛苦，把环境打扫得一尘不染，我是从心底里感谢她们的。

李进步　想着，有机会也送她点什么。我们不能白吃人家的东西。

丁一行　对。

尤　游　其实，还不还礼对她们来说并不重要。她们在乎的是尊重。

争

李进步　养老院摄影展让老人投票评奖，简直闻所未闻。

丁一行　要是你的作品评上奖你又会有不同的说法了。

李进步　摄影艺术有一定的专业要求，从来都是专家评奖。现在让群众评选，各人有各人的意见，也没个标准，还不乱套？

丁一行　标不标准无所谓，只要老人们玩得高兴就好。

尤　游　我看群众评选挺好，让老人过过写选票的瘾。再说群众评选相对客观，选得不一定对，但一定是他们自认为最好的。

丁一行　都这把年纪了，都看明白了，没有什么可争的了。

尤　游　争不争无关乎年纪。不爱争的人一辈子不争。有的人死到临头还要争个你高我低的。

李进步　无论人类社会还是自然社会，会争的总比不会争的要过得好些。

尤　游　你老爱争，也没看你好到哪里去。

李进步　有些事我要是当年不争，现在还不知道我在哪里呢。

投票箱

计较

丁一行　老李，恭喜你获得摄影比赛纪念奖。

李进步　人人有份，这算什么奖。

尤　游　说明你还需提高技艺。

李进步　老贾送展的照片我看也不怎么样，他凭什么获得一等奖?

丁一行　重在参与嘛。

李进步　还有，上次书法比赛只给我三等奖。再不怎么的，以前我还是社区的老年书法协会副会长，我的书法作品大家都是认可的。既然这样，以后养老院的所有比赛我都不想参加了。没啥意思。

丁一行　这么看重这些奖，看来你真的老了。

李进步　还有，纪念奖就发这么一只破水笔，有什么用?

尤　游　计较奖品?看来你还不光是年老的问题。

与他何干

丁一行　古教授的学生来看他。老人挺可怜的，谁都不认识。

李进步 看看他，我会想想自己，真要是有那么一天那该怎么办呢？

丁一行 患上老年痴呆症的人，只是记忆出现了问题，他们很多人身体的其他机能还是好的，这样的人也许可以活得更加长寿。

尤　游 你们以为他们这样活着很痛苦吗？

李进步 怎么会不痛苦呢，那个样子？

尤　游 这是从你们的角度在替他感受。他呢？此刻或许正云游在奇山异峰中；此刻或许正在品尝珍馐佳肴和葡萄美酒；此刻或许正在尽享着情爱的甜蜜；此刻……

丁一行 他的家人很痛苦。

尤　游 这与他何干？

不用尴尬

丁一行 那一年我陪伴妻子住院。晚上无聊，就在病房走廊上看电视。一起看电视的还有一些病人家属和病人。看得好好的，突然有人大叫起来，原来坐在后面轮椅上的一位老太太把上衣脱掉了，赤裸着上身。

李进步 她脑子有毛病。

丁一行 她患有阿尔茨海默病。护工闻声赶紧过来想帮她穿上衣服，老太太犟着怎么也不肯穿，护工只好把她推到病房里去了。

尤　游　可怜。

丁一行　从大家的议论中我才知道这老太太可不是一般的人。她是音乐学院著名的小提琴教授，年轻时获得过国际比赛大奖。时光尚未掩尽她的风韵，她长得端庄秀丽，隐隐还透出一丝艺术家的气质，一看就知道年轻时是个很漂亮的女人。

李进步　可惜了。

丁一行　我在想，她有过美丽骄傲的青年阶段，有过庄重自信的中年阶段，也有过正常的老年阶段，如果那个时候她就知道将来她生命的最后阶段会进入到这么一种尴尬的状态，那时她会怎么办?

李进步　这是没有办法的事情。要我就随它去了。

丁一行　要用一个一生都过着体面生活的女性思维去思考这个问题。

李进步　一个正常的人面对社会的欺凌和羞辱，可以选择以死抗争，历史上有多少女性就是这么做的。但是面对未来生理上无法摆脱的病态，就只能顺从和屈服。

丁一行　也许这就是人生的无奈和尴尬。

尤　游　我们无法预测未来，所以不用为未来的不可知承担后果；羞愧基于理智，无意识也就无所谓羞愧。因此理智健全的人为无意识的人去尴尬，就如同我们为刚出生的漂亮女孩操心，“等她将来长大了，要是想起来曾经光着身子来到这个世界，会羞涩吗”，是一个道理。

夫妻

丁一行 当年老伴走了，我的天就塌下来了。孩子不在身边，每天面对空荡荡的房间，周围的一切都显得冰冷，我知道，从此我再也不用为她的疾病操心，也再没人为我嘘寒问暖了。

李进步 我和我老婆表面上并没有像老丁夫妻那样恩爱，我们经常要拌个嘴，耍个小脾气，其实心底里都深爱着对方，我们都接受和习惯用这种方式。后来她走了，我一下子就没了方向，有时候想吵架也找不到个人。

丁一行 我老伴走后不久，我还没有习惯她的不在。某一天，我种在阳台水盆里的睡莲突然开了，我习惯性地喊我老伴名字，想让她来看。但我立刻意识到她已经不在了，一股悲凄之情立即涌上心口，真正体会到了什么叫作丧妻之痛。

李进步 有一段日子，你们发现我情绪不好，问我为什么，我没回答你们。那次看了彭老师和费医生夫妻举办的旅游摄影展览，看到有一幅他们夫妻相依在埃及金字塔前的合影，我禁不住悲从中来。原本我和妻子有了一个退休后的旅行计划，其中她最向往的就是亲自看一眼金字塔，遗憾的是，就在这个计划刚要实施的时候，她的身体被查出了问题。之后无休无止的治疗，一直到她去世就再没有机会了。她病重时曾对我说："将来去找个伴，替我到埃及看一看。"我嘴上劝她说等病好了会有机会的，心里却在想，只有等来世再做夫妻，到那时一起去看。说心里话，我那时对彭老师夫妻只有嫉妒。

……

尤　游　哎，我老婆爱絮絮叨叨，但是她总是把我的生活安排得妥妥当当，什么季节该穿哪件衣服，每天换洗的内衣、袜子、手帕，都会准备齐当。哪天要办什么事情她会提醒，家里的大小事情都不用我操心。现在想想，她要是在我身边，就是每天挨骂我也高兴。

丁一行　那你干吗还要离婚？

尤　游　唉，一言难尽。以后你们会知道的。

丈夫

李进步　我和我太太从认识到结婚直至她逝世，共同生活了40

多年，从谈恋爱的时候我就暗暗发誓，要爱她一辈子，永远不吵架，我做到了。

尤　游　这40多年你们从来没有闹过意见？

李进步　不可能一点矛盾都没有，不过每次都会很快化解。

丁一行　这个也不容易。

李进步　夫妻之间只要不是原则上的问题，所有问题都不是问题。

尤　游　所谓原则问题无非是移情别恋。

李进步　这个我们都不存在。

丁一行　移情别恋是大是大非，不谈。生活当中有很多矛盾，纠结起来可不是那么容易化解掉的。

李进步　吵架是双方的。都不谦让矛盾就会升级，有一方退让，战火就不会蔓延。

尤　游　你就是退让的一方。

李进步　永远的退让一方。

尤　游　要我做不到。

李进步　她说得对，你就执行。你认为不对也不要去辩驳，按照自己的思路去做就是了。做对了，她无话可说，做错了，赶紧讨饶。这架还怎么吵得起来。

尤　游　在你们的这个家里，你的地位要低一等。

李进步　地位高，操劳多。我乐得轻松。

丁一行　你真的轻松了吗？

李进步　不轻松！她生病的那6年多日子，我活得确实很艰难。

特别是最后的半年，她卧床不起，大小便失禁。我虽然心生怨念，但绝无怨言，还要表现出高高兴兴、情情愿愿的样子，不给她施加一丁点的精神压力。

丁一行 她一定感恩你。

李进步 她是一个情绪很少外露的人，从不表扬我，我就只好自己表扬自己。我会说："你丈夫这个人怎么这么好啊，我都要被自己感动了。"

丁一行 她怎么说?

李进步 她什么也不说，眼神里是不置可否。

尤　游 你挺伤心的。

李进步 不伤心，习惯了。我总觉得自己还有什么地方做得不够好，没有能够让她满意。

尤　游 你太太对你的要求太高了。

李进步 直到她生命的最后时刻说的最后一句话，才让我彻底释然。

丁一行 她说了什么?

李进步 她说："我这一辈子很幸福：从小爸爸妈妈爱我，结婚了，你爱我。"

尤　游 你是个好丈夫。

李进步 我这辈子做得最成功的就是"丈夫"!

方式

李进步 你们有没有注意到，季先生每次洗衣服都要将他亡妻的一件衣服放到洗衣机里与他的衣物一起去洗。

尤　游 这个你是怎么知道的?

李进步 你们没注意，我们对面的二楼就是季先生家的阳台，他每次洗完衣物都会把他太太的一件衣服与他的衣服一起晾出来，以前晾的是一件粉红单衣，后来那衣服褪成白色了，最近换成了一件花单衣。

尤　游 你有心啊。

丁一行 老人一旦失去伴侣，每个人的表现各不相同。老苏的老伴去世后，我们看不出他平日里有多悲伤，一如既往参加院里举办的各项活动，还像过去那样爽朗、幽默。而季先生在太太逝世后则完全变了一个人，从此很少出门，见人话也少了许多。

李进步 老苏那是表面现象。你们没发现这一年他人整个瘦了一圈。有一天早上我发现他眼圈红红的，问他，他说是被灰尘迷的。我一看就知道是在夜里偷偷哭过了。

丁一行 听管家说自从季先生妻子走后，这大半年，季先生为供桌上爱妻照片摆设的鲜花不断。每顿饭他都要为她摆上碗筷，可见一片深情。

李进步 佟老太太和他老伴自住进养老院后两天一小闹，三天一大吵，甚至到了要离婚的地步。前些日子他家老先生突然去世，这佟老太太只要一提起他老伴就止不住老泪纵横。

尤　游 他们是在用各自不同的行为方式来表达对故人的思念。没有了另一半，从此没有人和你说贴心话，没有人为你添饭倒茶，甚至没有人来和你吵架。

丁一行 相濡以沫的夫妻，感情深过任何人！

【捌月】

聚会

李进步　老尤，建军节战友聚会怎么这么早就结束了？

丁一行　你不会没去吧？

（尤游一脸不高兴的样子）

李进步　他又不理人了。

……

尤　游　你们说，战友聚会很重要吗？

丁一行　那要看你们的情谊有多深了。

尤　游　每次聚会不是喝酒干杯，就是调侃说些无趣的笑话。你们说有意思吗？

李进步　喜欢就有意思，不喜欢就没意思。不过，逢场作戏有时还是需要的。

尤　游　我不需要。每次聚会，在水晶灯的照耀下，我都会看到当年猫耳洞里的那些年轻、单纯、清瘦、黢黑、可爱的脸庞现在已被香烟和烈酒熏染得油光发亮。他们猜拳、嚎叫无所顾忌。每当这时我禁不住会从心底里升起一股莫名的悲哀。

丁一行　我猜今天你没去酒楼?

尤　游　我去了烈士陵园，和那里的战友聚了聚。

唏嘘

尤　游　很多年前的一次战友聚会发生了令人感动的一幕，原三班班长和副班长见面时紧紧拥抱在一起。原来当年参战，三班班长被内定上前线，副班长得知后坚决要求顶替班长的名额。他说，班长是家中的独苗，万一打没了，这家就断根了。他说：我们家兄弟三人，倘若我牺牲了，家里还有两兄弟可以替我对父母尽孝。在场的人无不为之动容。

李进步　仗义!

尤　游　后来副班长去了前线。

丁一行　结果很好。否则也就没了那次会面。

李进步　现在他们一定像亲兄弟一样相待。

尤　游　不再往来了。

李进步　为什么？

尤　游　两人合作做生意，为钱的事情闹翻了。

不见

丁一行　有一位中学同学，当年和我关系很亲密，毕业后失去了联系。我时常还会想起他来，怀念当年的友谊。

尤　游　现在联系上了吗？

丁一行　有了微信后，我们都进了“同学群”，不过一直没有机会见上一面。

李进步　微信最方便，随时都可以叙旧。

丁一行　也正是因为有了微信，让我把想见他一面的愿望给打消了。

尤　游　为什么？

丁一行　也没什么。不过我明显地感觉他变了，不再是我原来所认识的那位朴实、稳重的人了。

李进步　人都是要进步的，也不能老是一成不变嘛。

丁一行　他当上了一个中等城市下面一个区的税务局局长，也许是被职业的优越感给惯的，聊天中流露出来的满是浮夸、虚荣和自以为是。

李进步　税务局的权势很大，每个单位都要供着它，有一点优越感很正常。

丁一行　我们同学群的话语权基本被他占了，成天在上面晒他的活动：受到什么单位的高规格的招待啦，借公务之便去某地旅游啦等等。他还不忘把满桌子的菜肴和景点照片发上来炫耀。也不知道他哪来那么多的闲工夫。

尤　游　他还没有退休吗？

丁一行　早就退了。他说单位的业务离不开他这个老法师，他是推辞不掉才勉强同意当了一个挂名的顾问。谁知道是真是假。

李进步　你是真不想再见他啦？

丁一行　不见。

保持距离

变音

丁一行 养老院听取了老李的意见，把院里所有的“4”字全都拿掉了。

李进步 从善如流。

丁一行 可是又有问题了。

李进步 什么问题?

丁一行 老夏又来提意见了。

李进步 什么意见?

丁一行 最近老夏换了房间，住到顶楼505室。前几天他儿子要来看他，他告诉了房间号。这小夏呢是一根筋，他找到了父亲居住的楼，他也不先坐电梯上楼，而是在楼外找他父亲房间的楼层。这一找问题来了，无论他怎么数，这栋楼最高只有4层。不巧的是这天他忘了带手机，也没法和老父亲联系上。

尤　游 他可以找管家打听呀。

丁一行 小夏是个宅男，他羞于与人打交道。好在看看饭点快到了，他就直接去了食堂，想在那里与老父会合。

尤　游 还真是一根筋。

丁一行 老夏等儿子不来，打手机和他家里的座机都没人接。

李进步 他家里没人吗?

丁一行 小夏是独身，50 好几了也没结过婚。

尤　游 悲惨人生。

李进步 他们见到了吗?

丁一行 老夏知道他儿子的脾性，估计又被什么念头给支开了，他就独自下楼来食堂吃饭。

李进步 遇上了。

丁一行 那当然。

尤　游 看来这“4”字是个问题。

丁一行 问题也不至于，老夏的属于个案。

尤　游 我要是人大代表，我就会写一个提案给国家文字改革委员会，建议把“4”字给改变个发音，这样大家就都不用忌讳，省了很多事情。

李进步 怎么变?

尤　游 把“死”音改成“钱”音，从此皆大欢喜。

李进步 就你能耐。

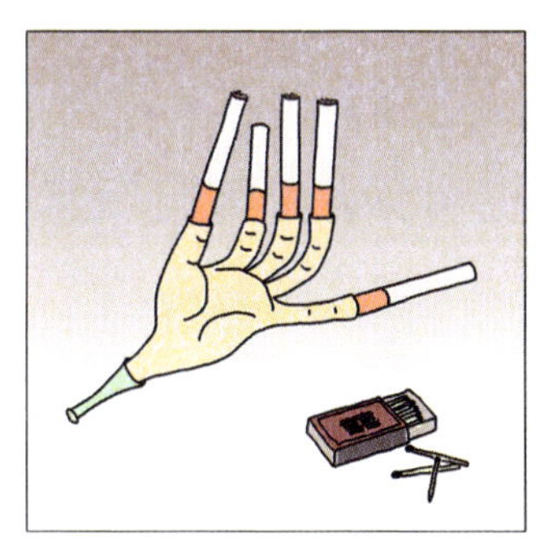

老烟鬼的发明

知了

丁一行　知了叫了，天气越来越热了。

李进步　小时候听到这声音人就会亢奋，就想抓一只来玩玩。

尤　游　很多年没有玩过知了了。

李进步　我也是。

丁一行　小时候我是很会逮知了的，可以用网兜，也可以用黏胶粘。

尤　游　现在你们还能准确地说出它的模样吗?

李进步　当然。一对扁圆形眼睛突在前额，中间两根短须，一根长喙紧贴在前胸。

丁一行　乌黑的脊背发着光亮，长着一对透明的翅膀，翅膀上有网纹状构成的漂亮图案。

李进步　两块发音板贴在肚子上，叫声就是从那里振动发出的。

丁一行　雄的有发音板，雌的没有好吧。

李进步　我当然知道，可谁会玩雌的，又不会叫。

尤　游　现在你们还有谁想跟我去抓知了?

李进步　没兴趣。

丁一行　我也没兴趣。

尤　游　呵呵，你们都没兴趣，其实我也没兴趣。

知了叫了

蟋蟀

尤　游　讲到知了，我想到蟋蟀。想到蟋蟀，又想到一个人。

李进步　什么人？

尤　游　我的一个朋友。此人几十年来从不上班，也不结婚，当然没有孩子。他平时每天的基本作息时间是：上午孵茶馆，边喝茶边听人聊天。下午玩玩小麻将。晚上早早上床睡觉。

丁一行　闲散之人。

尤　游　他心胸豁达，为人大方，朋友很多。

李进步　都是像你这样的狐朋狗友。

丁一行　他不工作，靠什么生活？

尤　游　蟋蟀。一到现在这个季节他要去外地，寻找好的蟋蟀。他在当地有很多关系很铁的蟋蟀卖家，他们都愿意把好的虫子留给他。找到理想的虫子后，他就整日闭门不出，在家照顾虫子。中秋前后的这两个月是他创造财富的窗口期。

丁一行　养蟋蟀卖钱？

尤　游　卖蟋蟀能得几个钱。他寻觅极品蟋蟀，研究蟋蟀特性，饲养和训练蟋蟀。这一切就是为了最后斗蟋蟀。

李进步　赌博！

尤　游　我跟他去场子里看过。那阵势火药味十足，仿佛是一场场决斗。

丁一行　赌博会有输赢，要是赌输了呢？

尤　游　对于他是小概率。他玩蟋蟀的本事在圈内人尽皆知。他出生蟋蟀世家。

李进步　玩蟋蟀还有世家？

尤　游　从他爷爷到他父亲都是这方面的高手。他家珍藏有许多关于蟋蟀的古籍和资料，其中还有孤本。他有空就拿出来钻研，那孜孜不倦的精神不亚于科学家研究学问。

丁一行　要是赌场被警方捣毁了呢？

尤　游　坐几天牢，出来继续玩。

李进步　这种人属于社会渣滓。

尤　游　他有着极高的专业精神和识虫、玩虫的天赋。

丁一行　他要是能把这种精神用在正道上就好了。可惜……

尤　游　除了蟋蟀，他一无所能。

李进步　那也不能赌博呀。

尤　游　如果不玩蟋蟀，凭他单薄的身体，干不了重活，挣不了钱，他的生活就会穷困潦倒。

丁一行　社会上很多人不都是那样活着的吗。

尤　游　你愿意那样活着？

李进步　他这是在犯罪。

尤　游　社会是多元和复杂的，不同的生活都是一种人生。

法则

尤　游　歪门邪道也有自己的生存法则。

李进步　什么法则？

尤　游　公平、公正和信誉。

李进步　滑天下之大稽。讲究公平、公正和有信誉的人还能搞歪门邪道！

尤　游　任何行业，包括各种地下的黑产业链，如果没有这些基本法则，它就不能够长久维持下去。

李进步　无稽之谈。

尤　游　以赌蟋蟀为例：其一，双方参加格斗的虫子体重要经过称重，分量相近才可较量。

丁一行　这与拳击比赛设定的级别相同。属于公平。

尤　游　其二，在格斗前的一个星期，双方把虫子交由第三方代为看养，以防止某一方在格斗前给虫子喂食激素类食物。

李进步　严禁服用兴奋剂。也算公正。

尤　游　这个所谓的第三方，实际上就是公证人，是双方都信任的。只有在圈子里享有崇高威望的人才有资格担当此任。

丁一行　裁判员必须讲信誉。

尤　游　其三，格斗时使用公证人所提供的公盆，以示公正。

李进步　大家都没有了主场优势。公平。

尤　游　还有诸如蟋蟀格斗时双方的主人不可以使用草引，禁止发出声响等。以保证比赛的公平、公正。除了故意砸场子的，一般赌家都会严格遵守，否则没人会带你玩。正是有了这些制度性的保证，输家一般都会口服心服。斗输了，付钱，拿上自己的斗虫，或者当场摔死斗虫回家。很少会有纠纷发生。

李进步　老尤，你举这些反面的例子，能不能就不用“公平”“公正”这类褒义词？听着多别扭。

尤　游　我想不出还有什么词可以替代。你有吗？

李进步　我没有。老丁帮忙想想。

丁一行　我也不知道。

尤　游　公平、公正和信誉就是几件衣服。穿在好人的身上它叫衣服，穿在坏人的身上它也叫衣服。总之，它就是衣服。引申之：做好事需要法则，做坏事也需要法则。否则好事、坏事都不能成事！

不忘记

丁一行　那天，卫阿姨陪她老伴韩老在院子里晒太阳，我坐在他们旁边和卫阿姨聊天。

李进步　韩老坐在轮椅上，他记忆不清已经很多年了，对身边的事情很少有反应。

丁一行　卫阿姨讲韩老的过去，如此如此。韩老表情呆滞，似乎什么也不知道。

丁一行　反正闲着没事，我就对韩老的事情表现出很大兴趣，问这问那的，卫阿姨也谈得起劲。

李进步　老年人都喜欢向别人讲述自己辉煌的过去。

丁一行　讲着讲着，突然韩老嗯嗯啊啊起来，他的眼光发亮。卫阿姨知道他的意思，就指着他的上衣口袋问他是不是这个？老人安静下来。

李进步　他想干嘛？

丁一行　卫阿姨从韩老的口袋里掏出一沓名片，取了一张递给我。名片上写着一大堆头衔，最后是“享受副局级待遇”。

尤　游　有些人什么都可以不记得，但是名利荣禄是不会忘记的。

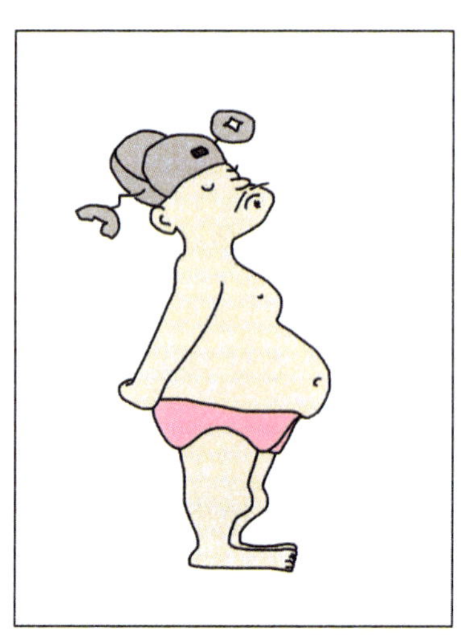

官服不在帽还在

过分

丁一行　我当办公室主任那会儿，最让我挠头的就是成天要应付那些退休、离休的老领导。他们家搞不定的事情都要找到单位来帮忙解决，有时候自己不来，就派老婆、孩子来。

李进步　都是些什么事情？

丁一行　有些事情我们能办的，会尽力去办。比如，派人陪去医院看个病什么的，劳累一下我们的办事员，这没问题。还比如有一家马桶堵塞了，物业迟迟不来修，我们就出面去找物业商量，物业说，已经疏通好几次了，那家的孩子太调皮，老是把东西扔到马桶里，有一次还掏到塑料玩具。后来物业看在我们的面子上很快就帮他解决了。他们以为我们是万能的，其实很多事情都超越了我们的能力范围，我们得觍着脸去和别人商量。

尤　游　还有哪些事情？

丁一行　孩子考重点中学，分数不到，要我们出面疏通教委把他的孩子弄进去。这种事情能办吗？

李进步　要求办这种事就太过分了。

顺其自然

丁一行　我中学的一位同学打来电话说教我们物理的老师自杀了。他长期受病痛折磨，活得实在太痛苦了。他本想偷服安眠药的，没想到药被护士发现给收掉了，他就跳了楼。哎……

尤　游　一个教物理的中学老师，本想通过用化学的方法来结束生命，没想到最后还是不得不用到了自己的物理专业。宿命啊！

李进步 我还是不能理解，一个人连死都不怕，还怕活着？

尤　游 一个人到了这种绝境，唯一可以抛弃的只有生命。因此我赞成实行安乐死，人性且文明。

李进步 我反对，不符合传统伦理。

尤　游 人应该有决定自己生命去留的权利。

李进步 你没有权利，你的生命属于家庭和社会。

尤　游 我连“死”这一点点自由都不可以拥有吗？

李进步 对。由不得你。

尤　游 假如生不如死，又不让“安乐”，那我也只有选择自杀。这点自由我是一定要争取的。

李进步 你这是逃避，是懦夫。

尤　游 与其痛苦地活着，莫如愉快地死去。

丁一行 这个问题不是我们讨论能得出结果的，还是顺其自然吧。

废话

尤　游 假如有一天我们仅靠外部设备来维持生命特征，你们怎么看？

李进步 好死不如赖活。

尤　游 赖活不如好死。

丁一行 好死不如好活。

李进步 精辟。

尤　游 废话。

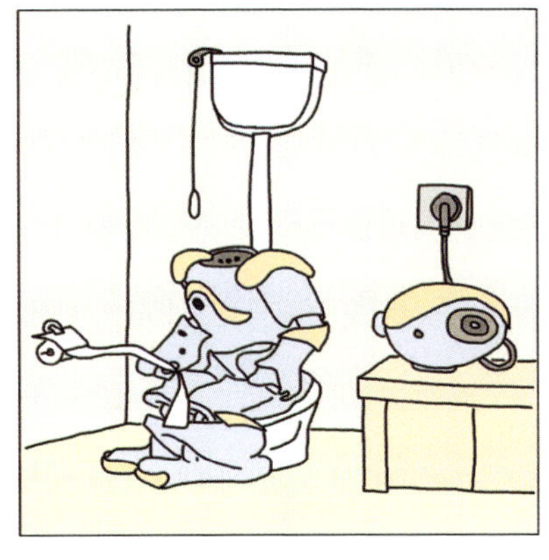

便秘

也许吧

丁一行 刚才倪医生和老伴一起签了遗体捐赠书，有关部门派专人来认定呢。

李进步 是吗？为什么？

丁一行 他们都是医学教授，遗体捐赠者在医学界被尊称为“大体老师”。倪医生开玩笑说，“言教不如身教”，他死了还要再当一回教授，给学生们上一堂“现身说法”的专业课。

李进步 多么幽默、可爱的一对健康老人，不知怎么的，我突然有了一种马上就要和他们分别的感觉。

丁一行 我现在还没有这么高的觉悟和胆量，就是有，恐怕在我孩子那里也通不过。

李进步 “死留全尸”“入土为安”是老祖宗传下来的信条，我也不敢违背。

……

丁一行 老尤，你怎么不说话？你一向离经叛道、不按照常理出牌，对此又有什么打算？

尤　游 我还没有想得那么远。

李进步 在关键时刻就可以看出你和我们一样也是凡夫俗子。

尤　游 也许吧。

先己后人

自以为是

李进步　老尤，你这个充沛的“沛”字写错了。

尤　游　三点水加一个城市的“市”字，不会错。

李进步　错。“沛”字七划。中间那一竖笔是从头贯穿到底的。

尤　游　八划。老丁你说呢？

李进步　这个字我还真没注意，查字典嘛。

尤　游　这个字我从小写到老，还能有错？

李进步　那你就是从小错到老，要不是我今天给你指出来，你就要错一辈子。

尤　游　没文化真可怕。

（丁一行查字典）

丁一行　老李正确，是七划。

尤　游　那三点水加一个“市”是什么字？

李进步　根本就没有那个字。

尤　游　咦，字典不会错吧？

李进步　太有文化也可怕。

丁一行　类似大大小小的错误，我们这一辈子还犯得少吗。

它下它的

故事

丁一行　说起文化，高老先生算是有文化了吧？

李进步　老公务员，一手漂亮的行楷。

尤　游　文章也写得好，行文规范、讲究。

丁一行　他对我讲了他小时候的一个故事：他读了几年私塾，认识了几个字，在当时的农村就是一个小小知识分子。他也自视甚高。

尤　游　文化人都有这个毛病。

丁一行　那时候两地通讯全靠书信往来，村里人会经常找他帮忙读信、写信，他也乐意露一手。

李进步 过去城市里还有代写家书的职业呢。

丁一行 正是一位代写家书的老先生太学究，把我们的高老先生给害惨了。

李进步 怎么啦？

丁一行 那天邻居的一位大妈拿来一封信，是她儿子从城里寄来的，高老先生给她念了。谁知过了一些日子大妈的儿子从城里赶回来，问妈妈为什么接了信不去城里。原来他老婆要生孩子，想叫大妈照顾他老婆坐月子。

尤　游 高老先生不是给她念了信吗？

丁一行 大妈的儿子请测字摊的老先生写信，写信的老先生把“生小孩”写成了“分娩”，年少的高老先生不知道是什么意思，给大妈念信就给糊弄过去了。大妈没明白自己儿子的意思，也就没去城里的儿子家。

李进步 耽误了人家的大事。

丁一行 大妈的儿子左盼右等不来妈妈，以为家里出了什么大事，赶了回来，方知缘故。高老先生说，当时真希望地上有个洞好钻下去。

李进步 人家高老先生错了一次刻骨铭心，我们老尤错了一辈子也无所谓，人和人真的不能比。

尤　游 大错和小失误不可同日而语。

丁一行 从来就没见你认个错。

惯坏了

李进步　会所新张贴了一张《文明公约》。你们看，这叫什么话："不得随意挪用公共区域的物品；不得玩弄消防设施；不得将私人物品堆放在公共区域；不得……"这哪像是养老院的告示，分明就是群租房二房东发布的告示嘛。

丁一行　口气是稍微生硬了点，不过可以理解。你看，有人拿了阅览室的书看了不及时还回去；晚上一个人在偌大的画室画画，把电灯和空调全都打开不算，还大敞着窗户，说是要让空气流通；外出不请假，打手机也不接，管家担心出问题，到处找，最后他来一句"我耳背"，就搪塞过去了。凡此种种，管家好生劝导就是不改。管理者有想法，流露出一点情绪，也是可以理解的。

李进步　我们住养老院，不是来听人训斥的。

尤　游　这"不得"比起社会上经常出现的"不许""不准""禁止"等文字好像还算是温和的。

李进步　那也不行。我听了不舒服。

丁一行　那要人家怎么写？"为了让公共物品更好发挥服务老人的作用，请勿移作他用；为了您的安全，请勿触碰公共电源设备”是吗？

李进步　反正养老院不可以用这种口气对待我们老人。

尤　游　我看你这是被幸福养老院给惯坏了。

自私

（李进步走上刚铺好的塑胶跑道）

丁一行　老李，刚铺好的塑胶跑道，还没有解封，你干嘛急着走上去？也不怕踩坏了。

李进步　没事，已经干透了，我试过。

丁一行　干透了你就可以随便走啊？人家禁止通行的牌子还没拿掉嘛。

李进步　我昨天晚上趁着没人看见就已经走了一圈了，没有问题的。嘻嘻。

尤　游　你很得意是吧？全新的红色跑道，还没有站过人，你第一个踩踏上去，就像在走专门为你铺设的红地毯，是不是感觉做了一回皇帝？你这双臭脚还真了不起呢。

李进步　姓尤的，请你说话客气点好吧，我又没有惹你。

尤　游　你惹了那块“禁止通行”的牌子。那是做人的行为准则，是社会规范。你故意破坏它，还得意洋洋。我这样说已经够客气了。

李进步　你还想怎么样？

尤　游　怎么样？在一些法制严酷的国家就要罚在你的肥屁股上狠狠地抽上3鞭子，看你下次还敢不敢。

李进步　你……

丁一行　老尤，你这样说就过了嘛。不过我们老人还真应该守规矩。这不，前些日子金老太太私自去采摘果园里的梨子，跨沟时不小心摔断了腿，家人来讨说法。养老院里拿出照片证据，巧的是老太太正好摔在一块"请勿采摘，后果自负"的警告牌子面前，那家人也就没有什么可说的了。

尤　游　随心所欲破坏规矩的出发点就两个字：自私！

睡午觉

丁一行　老李，你怎么老是靠在沙发上睡午觉，躺床上去舒舒服服地睡不好吗？

李进步　唉，习惯了。从前上班的时候，最早午睡是用椅子拼着睡，后来办公室添了沙发，我就在沙发上睡，现在躺到床上反而睡不着了。

尤　游　我是开着电视机看着看着就睡着了，谁把电视一关我立刻就醒，就再也睡不着了。

李进步　老丁你呢?

丁一行　该睡时不想睡，不该睡时困得要命。

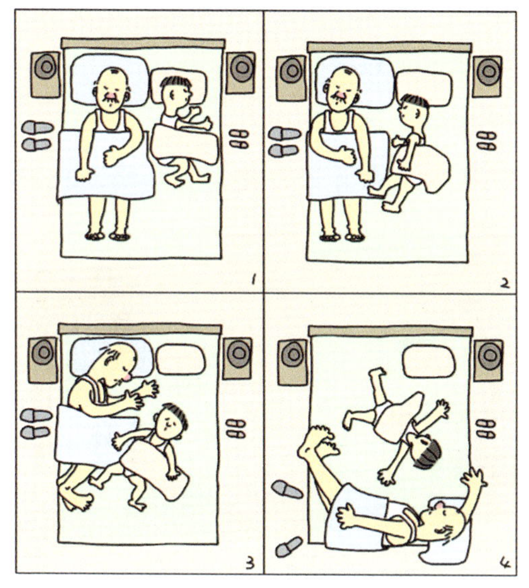

退无可退

无能为力

李进步　最近食堂菜肴的质量明显下滑，价格也有点虚高，这事老丁得向院里反映反映。

尤　游　有同感。

丁一行　好，我去说说。

尤　游　要不我写个批评的稿子，请老李在墙报上登一登?

李进步　那不可以。墙报怎么可以刊登这种东西。

尤　游　我写批评的文章也是为了促进食堂的工作呀。

李进步　墙报是我们传播正能量的阵地，凡是有背这个原则的东西一律不可以登。

尤　游　那你还能登些什么东西?

李进步　等到哪天伙食改善了，你写表扬稿，我登。

无能为力

老小孩

丁一行　今天上午杨老太把她儿子叫来了。

李进步 干嘛叫儿子来？

丁一行 她和同屋的何老太闹别扭，让儿子帮忙教训何老太，为自己讨说法。

李进步 她儿子帮忙了吗？

丁一行 她这个儿子也真是的，把何老太痛骂一顿，劝都劝不住。

李进步 这样就不好了。

丁一行 何老太被骂得直哭，她还说要让自己的三个儿子一起过来。

李进步 全乱了。

尤　游 小孩被欺负，也会告诉自己的爸爸，让爸爸替自己出气。人老了，有些事情自己驾驭不了，就会找依靠，这时候儿子就是主心骨。

李进步 所以说老小孩嘛。

尤　游 明事理的家长不会帮着小孩出头。同样，明事理的儿子也不会为老母亲帮腔。

丁一行 小孩吵架一般转过身就和好如初了。

李进步 老人闹别扭可没有那么容易和解。

尤　游 老小孩毕竟不同于小小孩，经过岁月的侵蚀和磨砺，不再童心无邪了。

男双对决

上发条

李进步　你们见过小孩子打架，见过小青年打架，见过大妈打架，可没见过 90 多岁的老先生打架吧？

丁一行　没见过。

尤　游　不要说没见过，连听都没听说过。

李进步　吉老先生说余老先生偷了他的手表。余老先生说这是自己的手表。吉老先生趁余老先生不备拿了手表，余老先生要拿回自己的手表，于是二人互不买账抢那只手表。

尤　游　打起来了？

李进步　其实两位 90 多岁的高龄老人，就是真的想打也不容易打起来。发生了争执，在抢手表时两人的手上都有小抓痕。

丁一行　这块手表到底是谁的嘛？

李进步　吉老先生这一辈子养成了一个习惯，早晨起床的第一件事情就要给手表上发条。这天起床后没有找到自己的手表，以为余老先生的手表是他的。

尤　游　二人的手表一样吗？

李进步　完全不一样。余老先生是一块金表，而吉老先生是一块银色表。

尤　游　怎么会弄错呢？也不会是一个品牌呀。

李进步　吉老先生对手表的颜色和形状都没有了记忆，更不要说品牌了。在他的记忆习惯里只有一块需要上发条的手表。

丁一行　他自己的手表呢？

李进步　他孩子拿去检修了。

丁一行　说明一下就行了嘛。

李进步　怎么说他也不明白。

丁一行　那怎么办？

李进步　护工先从其他人那里借来一块手表，安抚住了他的情绪。

尤　游　现在他们二人的关系怎么样？

李进步　两个人的记忆都衰退得厉害，他们好像完全忘记了那场纠纷。他们最喜欢玩的游戏是二人轮流坐轮椅，在走廊上，你推我走一个来回，我又推你走一个来回，经常玩得开怀大笑。

丁一行　“上发条”已经成为吉老先生行为习惯的一部分，一旦缺失，他就不能自己了。

生理现象

丁一行　人老了，生理上的各种问题都来了，我一个晚上要起夜三、四次，真是苦不堪言。

李进步　我现在真是“看书越看越远，撒尿越尿越近”。

尤　游　我不是近的问题，是“跑冒滴漏”。

丁一行　怎么个跑冒滴漏?

尤　游　尿急赶紧跑，额上虚汗冒，屏气撑几滴，时常裆下漏。

自然而然

尤　游　我想起一件事情。儿子很小的时候我带他去看一个展览，其中有清朝菜市口行刑的图片。儿子不解地问：“为什么要杀人?”要是你们怎么回答他?

丁一行　这个问题太过复杂。

李进步　我回答不了。

丁一行　你是怎么告诉他的？

尤　游　我和你们一样回答不了。不过我心里在想，你现在不懂是因为你还没有长到可以被杀的年纪，等以后你长大了自然而然就会明白的。

请打屁股

本事不大

李进步　60 岁退休，因为你老了；70 岁不让玩过山车，因为你老了；80 岁犯事减轻处罚，也因为你老了。可好些人七老八十了还在岗位上干得有声有色。我们能算老吗？

尤　游　你还可以去做呀？又没人拦着你。

丁一行　像你这样有会计专业特长的老法师，哪个不是做到做不动才不做的？

李进步　就是嘛。

尤　游　那你进养老院干吗？

李进步　你当我愿意进养老院？这不，儿子结婚没房子嘛。

尤　游　还是你本事不够大嘛。

冲动

尤　游　我们对人会有一个基本的社会评价。这种评价有时候是基于对某人一贯的、总体的印象，有时则是根据一时一事。所以对人的评价并不一定能够正确客观。

丁一行　人的一贯表现基本能够反映出一个人的本质。

李进步　马生马，驴生驴，骡子生个粪蛋蛋。其属性不一样，自然表现也就不一样了。

尤　游　如果在我们养老院发生了一起刑事案件，确定是我们三人中的一人所为，旁人一般会首先指向谁？

李进步　什么案子？

尤　游　不论什么案子。

李进步　那一定是你尤游干的。

尤　游　为什么？

李进步　你平时表现不好。

尤　游　我哪一点不好了？

李进步　整天胡言乱语，能够想出如此促狭问题的人，犯罪的几率最大。

尤　游　如果对外公布这个嫌犯不是你也不是我……

丁一行　别扯上我。

李进步　老丁不可能，万万不可能。

尤　游　为什么不可能？

李进步　老丁一向表现很好嘛。

尤　游　假如外表遮蒙了内心呢？

丁一行　怎么说话呢？

尤　游　你敢说，你永远不会冲动吗？这与平时的所谓表现无关。

丁一行　你是什么意思吗嘛？

尤　游　别人欺负你，你一而再、再而三地忍让，对方变本加厉，你忍无可忍地从对方手中夺过刀子……；你做官一向清廉，无奈老婆病重急需重金支付医疗费用，当你囊中羞涩时，有求于你的人送上一笔酬金……；你从不拈花惹草，但是某天一位风流貌美的女人向你展开了双臂……；你从不……

丁一行　好啦。

尤　游　你敢保证你不会冲动？

丁一行　我可以冠冕堂皇地否定你，摆出一副正人君子的样子。但是，扪心自问后往深里去想，还真的不容易呢。

尤　游　所以说，“一贯的好表现”是很容易被转化的。因此我们不要用定式去固化人。

细思极恐

通铺

丁一行　很多人对养老院有偏见，以为进了养老院就是在等死，还说养老院不会善待老人。

李进步　微信里也有许多关于养老院的负面介绍。

丁一行　我们幸福养老院还是很不错的，连我们这些有自理能力的老人都能够得到很好的照顾，更不说那些卧床老人了。

尤　游　否则我们也不会留在这里。

李进步　选养老院就像住旅馆。有普通旅社，也有5星级以上高级宾馆，不同的价位有不同的设施和不同的服务。

丁一行　我们这里评得上几颗星?

李进步　要说这里的整体服务和各种设施，凭良心讲，能评上多星级。要说居住条件嘛，我们3人合住一室，比边远小乡镇私人旅馆的大通铺房间强不了多少。

丁一行　夸张。

尤　游　这里有单间，还有大套间，你可以去住呀?

李进步　我没有那个经济条件，再说和你们住在一起也图个热闹。

尤　游　废话。

李进步　老丁是有条件住大套间的呀。

丁一行　算啦，我那点退休金不足以支付那些费用。

李进步　你可以把房子卖了嘛。

尤　游　你也可以卖房子嘛。

李进步　我的房子给儿子了，哪里还有多余的。

丁一行　我的房子将来是要留给外孙女的。

尤　游　所以三个穷人走到一起，只能睡“大通铺”。

理由

李进步 方阿姨的丈夫死了。

丁一行 不是一直在说她丈夫要住过来吗，怎么就死了呢？

李进步 方阿姨进养老院好多年了。可她家老先生一直还住在自己的家里，就是不肯过来。

丁一行 听方阿姨说，老先生在外面有自己的社交圈子，他离不开那帮朋友。

李进步 后来听说老先生要来了，可不知道为什么"光听楼梯响，不见人下来"。前些日子好像又说得很肯定，这个月底一定会住过来，可没想到老先生一天养老院也没住，就这么走了。

丁一行 既然他的先生不肯来，方阿姨也应该在家里陪丈夫。这样长久分居多不好呀？

李进步 方阿姨说她喜欢住在幸福养老院。这几年她也结交了新朋友，离不开了。

尤　游 离不开朋友，倒可以轻易地离开婚姻伴侣，他们的这个理由恐怕说不过去吧。

李进步 说不清楚。别人家的事情，我们也不好打听。

尤　游 如果他们彼此不再需要了，那么任何借口都可以将他们分开；如果他们依恋着对方，那么任何理由都不可能将他们分开。

闹腾

李进步 明天双休日，出去逛逛街吧，我知道有一家面馆的红烧大肠面不错。

丁一行 我不吃猪大肠。

李进步 你们不吃大肠的话可以吃别的，那家的爆鱼面也很有名气。

尤　游 我喜欢吃猪大肠，可为什么非要休息日出去，人挤人多累。

李进步 这不是想大肠面了吗。

尤　游 既然老了就要懂得知趣。社会资源就那么点，我们还要和年轻人去争、去抢。你看，有些老人在上班的日子非要早晚高峰时段去挤公交车，也不怕累。我们难道不应该为上班族考虑，多留点空间给他们？我们蛮可以在人流的低峰出去嘛。还有把节假日出游留给小青年多好，偏偏也喜欢在那些日子里去凑热闹。

丁一行 那些在公共场所大呼小叫、抢购、插队也是我们这些老头老太居多。

李进步　能闹腾说明还有精力，哪一天不想动了，也就快结束了。

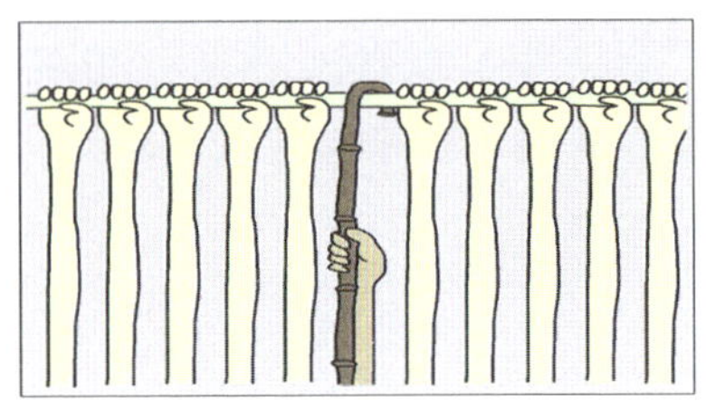

不服老

真馋了

李进步　我可是诚心诚意请你们吃面的，也不给我面子。

尤　游　老李请客？难得，有什么事需要我们做吗？

丁一行　不要这么问嘛，请客归请客，帮忙归帮忙。

尤　游　不是，我怕吃了老李的面，帮不上老李的忙。

丁一行　那又怎么样呢？

尤　游　那老李这面不是白请了吗？

李进步　嗨嗨，今天我请你们吃面，还真没有什么需要你们帮忙的。

尤　游　那你为了什么？

李进步　不为什么呀，就是想叫上你们陪我吃一碗红烧大肠面。

尤　游　就为了吃一碗红烧大肠面？

李进步　仅此而已。

丁一行　看来老李是真的馋了。

个性与人生

尤　游　活到我们这把年岁可以回顾一些人和事了。

丁一行　很多事情也算看明白了。

尤　游　我想起我读初中的时候，有同学弄来一本《三国演义》在同学中间传阅，完了大家聚在一起聊自己的读书体会。

李进步　我们也有过。

尤　游　每个人都有自己喜欢的书中人物和故事，现在看来那时的好恶观很符合本人的性格，也与每个人未来的命运有着某种联系。

丁一行　怎么说?

尤　游　欣赏诸葛亮的同学肯动脑筋，喜欢关羽的同学比较讲义气，推崇张飞的同学头脑比较简单，夸赞吕布的同学崇尚英雄主义……

丁一行　喜欢和自己个性相近的人其实就是喜欢自己。

尤　游　当时只有一位同学崇拜曹操。他说他最欣赏曹操“宁可我负天下人，不可天下人负我”的气概。

丁一行　《三国演义》里的曹操也是这样做的。

尤　游　我们大家都不同意他的观点，欲和他辩论，他丢下一句“小不忍则乱大谋”后扬长而去。

李进步　这个同学最后的境遇不会太好吧？

尤　游　恰恰相反。他当上了一个中等城市的第一把手，掌管着全市老百姓的生活，这个城市在他管理的那几年发展得还不错。

丁一行　是个聪明而有能力人。

尤　游　我观察他从小到老的发展，用一句时髦话概括他的人生：一个“精致的利己主义者”。

李进步　你的其他同学呢？

尤　游　像我一样都是普通人。在我们这批同学之间，每个人或多或少都有几个朋友的，而他在同学中一个朋友也没有。

李进步　与你们这种人搞好关系有什么用？人家有人家的朋友圈。

尤　游　那能算朋友吗？

李进步　不算朋友算什么？

尤　游　只能算同道之人。

目标

尤　游　有一次我想尝试一种体验，要求出租车司机拉着我随便开，被拒绝了。

丁一行　为什么？

尤　游　司机说他害怕。

李进步　遇到像你这种神经兮兮的人他能不害怕吗？

丁一行　你当时就真的没有目标地吗？

尤　游　有。我想让汽车漫无目的开上三个小时，看看它最后停在哪里。是城市，还是乡村；是山脚，还是河边；是嘈杂，还是清冷；那里的环境怎么样，风景好不好？我想假设那里是我的生命终点，我想看看那里究竟会是个什么样子。

丁一行　有点宿命的意思。人生也一样，不知道最后的归宿在哪里，想想有些忐忑。

尤　游　没什么可怕的。人生的归宿无非二条：要么上天堂，要么下地狱。所有的人都在朝着自己选定的目标走。

悠然观风景

手表

丁一行　赵老太太 90 多岁了。

李进步　身体挺硬朗。

尤　游　看起来脑子也还好使。

丁一行　老太太有一个习惯，就是一件布背心永远不离身。

李进步　天热也穿着?

丁一行　是。睡觉也穿着。护工助澡时，她一定要自己动手把背心放在看得见的地方，眼睛一刻也不离开。

李进步　那里面一定藏着宝贝。

丁一行　没错。背心内里缝着很多小口袋，谁也不知道那里面藏着多少贵重的宝贝。前几天他儿子来看她，他把儿子悄悄地叫到身边，从背心内袋里掏出一块手表，郑重地交给儿子，嘱咐他要好好保存。

李进步　一定是一块世界名表。

丁一行　是很多年前老太太丈夫上班的单位发给每个职工的年庆纪念手表。

李进步　哈哈，老人家也太逗了。

尤　游　不要笑，也许这块手表里深藏着老人的某种情愫呢。

此一时彼一时

丁一行　今天单位退休职工聚会，我见到我的老领导了。

李进步　噢，怎么说？

丁一行　老了，一肚子怨气。说什么人一走茶就凉，当初他是怎么提拔他们的，后来他们又是怎么对待他的，老一套。

李进步　不在位了还要人家一天到晚供着？不现实嘛。

丁一行　不过他说的一句话让我听着很是感动。他说现在挺后悔的，后悔当年没有重用我。

李进步　这不是马后炮嘛。

丁一行　不能这么说，至少说明人家心里还是有我的。

尤　游　如果时间倒转，他也不会重用你。

丁一行　何以见得？

尤　游　用人法则决定的。那些老是在自己身边转悠，有召必应的人是使用的首选；其次是能力特别强的，可以为他的仕途贡献业绩的。我看这二点老丁你都不具备，因此他现在就是回到位子上也轮不上用你。

丁一行　他说得还是很诚恳的。

尤　游　这的确是他此时此刻的真心话。但真要是能回到彼时彼刻，那就又另当别论了。

修枝

过去式

丁一行　机会决定人生。走得好也许飞黄腾达，没抓住机会就落于平庸。那一年，有一个进党校学习的机会，领导最先是安排我去的，不巧我手里有一个工作放不下，交给别人又不放心，就让给另一位同志了。最主要那时还没有认识到党校学习的重要性。结果，那位同志回来后一路提拔。哎，现在时不时想起来就后悔不迭。

李进步　性格决定命运。我做人太顶真，做事太讲原则，和领导一直相处得不融洽。领导用我的本事不肯用我这个人。我是有机会下海经商的。哎，我这个人胆子太小，那时拉我合作的朋友早就发了大财。

尤　游　运气决定生死。那天我们接到命令撤退。才离开半分钟，炸弹就落在我们刚才待的地方。当时只要再磨蹭一下，就尸骨全无了。

李进步　如果时间能够倒转，我会改变性格，顺应人情和事故，决不乖张和自负。

丁一行　我会把握机会，把所有的人生缺口补上。

李进步　老尤你呢?

尤　游　若是当初一步踏准，你老丁也许就是堂堂的大领导；假如胆子大些，你老李或许就是大老板；要是我那天犹豫一下，现在就是鬼魂在此游荡。那么此刻我们也不会坐在这个三人间里谈天论地了。向前看，我们的生命都会在某一天戛然而止，过去式全都不存在。让已经灌浆的稻谷回到青苗，农夫不答应；让正在长大的孩子眼看就要窥见到人生的玄妙又返回懵懂，孩子不答应。

岔路

尤　游　人的一生会遇到很多岔路，需要你去选择。如何选择或者说选择如何，关系到未来的一辈子。

李进步　有时是不经意的错过，有时是艰难的抉择。

丁一行　回头看，令人感慨万分。

尤　游　假如现在我们走到了一个岔路口，有两条道路摆在你的面前，你将如何选择？

李进步　两条什么样的路？

尤　游　现在无法预测。看不出好与坏，对与错。当然最后的结果会有很大的悬殊。我只是想知道你们选择的标准是什么。

丁一行　我会选择那条人多的路走。这样至少不会有太大的失误。

尤　游　老李呢？

李进步　我会选择那条相对平坦，路况较好的路走。

尤　游　现在好走，将来可不一定啰。

李进步　因为后果是未知的，各百分之五十的正负率。先挑好的路走起来吧。你又会怎样选择呢？

尤　游　我听从上帝的安排，抛硬币！

丁一行　你从来就不能给人一个明确的回答。装得好像很有深度的样子。

李进步　其实他这个人最肤浅了。

尤　游　深度也好，肤浅也好，其实这个问题的答案就是“没有选择”。我们根本无法对未来进行选择。那年老丁如果如愿进了党校，你能保证现在仍旧吃着高俸禄？你的那些“同学”不是有好些还在吃牢饭吗。

丁一行　也是。

尤　游　假如老李辞职跟随朋友去做生意，你就保证能够像你朋友一样发大财？我看你根本就不具备做商人的秉性，到头来还不是被人榨干、抛弃。

李进步　有道理。当年和那个人一起走出去的，没几个有好结果的。

尤　游　到了我们这个年龄，摆在面前需要选择的岔路越来越少，而且越来越微不足道。例如：选择什么样的保健方式可以延年益寿；服用什么样的药，既有效，还可以减少副作用；怎样度过晚年？是住家养老，还是卖了房子住养老院等等。无非是在选择哪一条道路离生命的终点远一些、再远一些。

李进步　就是这么简单的答案还是不容易选择，弄不好还会“误入歧途”。

学不来

丁一行　要当好一个事业单位的领导其实也是很不容易的，那么一摊子事情，那么一堆人，都要协调好。

尤　游　还是要有点水平的。

李进步　当企业领导要有真本事，这个我同意，因为他有经济指标压在那里。至于事业单位的领导嘛，呵呵，只要唯上就可以了。

丁一行　话不能这么说，上面的要求千变万化，下面的人各怀心思，夹在中间的就是那些不大不小的领导，要有随机应对的本事，否则上下都不讨好，位子也坐不长。

尤　游　你这个“讨好”说到点子上了。会“讨好”实际就是会“捣浆糊”,“浆糊”捣得好天下太平，捣不好那就真的成“浆糊”了。

丁一行　我的上司就很有水平。有一次办公室失窃，有一位职工刚发的工资放在抽屉里还没来得及拿回家，就全数被偷了。

尤　游　你们的保安有漏洞。

李进步　这是一起刑事案件，要报公安的。

丁一行　要是报案我们全年的先进评比就报销了。

李进步　这种事情瞒是瞒不住的。

丁一行　领导指示工会为这位同事发起了募捐活动，结果又从这个所谓的“爱心”活动中发掘出了若干个好人好事来。我们邀请上级宣传部门在全系统进行了广泛的宣传报道，引起了很大的反响和好评。结果……

尤　游　结果，把丑事变成了美事。

丁一行　结果这年我们单位不但评上了系统最高奖，领导还被评上先进个人。

李进步　老丁，你要是有这点本事就可以当领导啦。

丁一行　我学不来，我看你老李也没有这个本事，所以我们都当不了领导。

李进步 我看老尤最善于“捣糨糊”，可惜他没有当上领导。

尤　游 要想当“爷爷”，首先要学会当“孙子”。这个我学不来。

老炮爷爷

【玖月】

凑合

丁一行　今天是教师节，邢老师和闵老师有情人终成眷属。

李进步　婚礼上，他们羞涩、亲昵、关爱，就像是一对初婚的新人。

丁一行　他们的答谢词说得好：“新生活从现在开始。”

尤　游　因此，养老院不是终点站，而是生命新阶段的始发站，要好好享受，不虚此行。

李进步　老彭和方老太太这对亲家也都没老伴多年了，我看他俩的关系不错。要不趁着今天的好日子，让老丁给他们撮合撮合？

丁一行　亲家和夫妻不是一回事，能当好亲家的不一定就能当好夫妻。

李进步 找自己人总比找外人强吧?

丁一行 情爱是婚姻发展的基础，没有情爱，再亲密的“自己人”也成不了“爱人”。

李进步 都老头老太的，凑合着一起过就是了，哪有那么多浪漫，还讲情爱。

尤　游 我看你和你的牌友谭老太太蛮谈得来，你把她娶过来凑合凑合怎么样?

李进步 你别吓我呃。

似乎般配

老师

尤　游 我想起初中的班主任。男老师，大学刚毕业，比我们大不了几岁。

李进步　大学毕业不到 25 岁。

尤　游　他性格活泼、聪明干练，受很多同学的爱戴。但是也有一个特别调皮捣蛋的学生不买他的账，想着法子捉弄他。

丁一行　有的学生就是不服管教。

尤　游　有一次，这个皮大王把粉笔灰搁在门框上，结果掉下来弄得老师满头、满身都是白粉，他还得意地大笑。

李进步　老师要抓出他来狠狠地批评。

尤　游　没有。老师笑了笑，拍拍白粉继续讲课。

丁一行　事后向家长告状了。

尤　游　也没有。

李进步　这事就这么算啦？

尤　游　一天上课，这个同学被老师推进教室。同学鼻青脸肿，一脸不服气的样子。老师表情严肃，他的衣服也被撕破了几处。我们猜想是老师揍他了。

李进步　这下要惹大祸，学生的家长不来找他算账才怪了。

尤　游　不会的。我们都知道这个学生的父亲还蹲在牢里，他母亲在地区里的名声也不好。而且她知道自己的儿子调皮，三天两头打架闯祸，她不会为这种事情来找学校的。

李进步　我估计也有可能是家长和老师联手做的局，让老师教训教训他。

尤　游　之后就像什么事情也没有发生过一样，这个同学对人说是自己不当心摔的。从这以后他对老师是言听计从，还成了老师的好帮手，学习也进步了。

丁一行　被老师打醒了。

尤　游　很多年后，有一次遇见老师问起此事。他笑笑说，那天上班，正遇上两伙小流氓打架，其中弱势的一伙中就有自己的这个学生。眼看他被人揪着打，无还手之力，老师就过去把他给解救出来了，然后又帮着他们把那伙人给打跑了。

李进步　哈哈哈。这老师不计后果，还是年轻啊。

尤　游　那位同学的成长经历还是不错的，后来成了小有成就的企业家。他一直感念老师对他人生的影响，对此，老师还是很欣慰的。

丁一行　老师身上体现出来的大度，与学生崇尚的哥们义气相契合，一下子就把他和老师的感情拉近了。一次偶然的“相救”，让老师“救”了他一生！

碗

（尤游参加完朋友的追悼会回来，把一只碗放到一盒子里，手捧着一盒子碗发愣）

丁一行　老尤你干嘛守着那一堆碗发呆？

李进步　别是在想晚饭了吧？

尤　游　这些碗都是我在一些逝世亲友追悼会上收到的，也不知道人们为什么要用它来做纪念物。

丁一行　这是上海地区的丧葬风俗嘛。过去只有老人的喜丧才送碗，到后来不讲究，连岁数不大的人去世也送了。

尤　游　（拿一只碗看）王元，75 岁，话剧演员，我的老邻居，带有磁性的大嗓门，热心人。他送票给我们去看了他参演的好几出戏。他要么演群众，要么演匪兵。一个生活当中那么爱说会说的人，一个话剧演员，从来没有在舞台上说过哪怕一句属于自己角色的台词，世界上还有比这更滑稽、更悲催的吗？

李进步　男人最大的遗憾是空有一身本事，就是寻不见属于自己的舞台。

尤　游　（不断拿出碗介绍）钱叔叔，86 岁，家父的好友，有事没事就往我家跑，不到老婆来揪耳朵是不回家的。孙大哥，63 岁，发小，从小一起玩，打弹弓我不是他的对手，爬树他是我的手下败将。退休没几年，还没有享受到几天老年生活，就匆匆走了。李老先生 103 岁，晚清秀才，满腹经纶，一辈子见过大世面，也吃过不少苦头，他喜欢用自己的经历来教导身边的年轻人。莫愁难，55 岁，一个和她名字一样有意思、极其漂亮的女人，可惜了。

丁一行　唉，人生啊，一辈子或长或短最后都浓缩到这只碗里了。

尤　游　（继续介绍）李怀明，74 岁，一个事业有成的企业家。开追悼会的那天，来了上百号人，可谓风光无限。可就在那种场合，居然有人在高声寒暄、谈笑风生，全然没有悲哀的情绪。也就是那一天在回家的路上，我在想，人生不就是一出戏吗？我可不要当别人的道具。……

李进步 这种碗我家也有几只。

丁一行 活在世上为了能吃上一碗好饭，争啊、打啊、吵啊、装啊、求啊、瘪屈啊，死了也不过变成一只空空如也的饭碗。想想真没有多大意思。

尤　游 一只碗的到来就是一个生命的离去。随着我们渐渐变老，家里这种碗会愈来愈多，而且增加的频率也会愈来愈快。终有一天我们也会变成一只碗。

省着用

尤　游 老李，虽说餐厅里使用这餐巾纸是免费的，你也该省着点用。

李进步 我付了那么多钱给养老院，用几张纸还要你管？

（尤游从李进步抽屉里拿出一叠餐巾纸扔到李的床上）

李进步 哎，你这是干什么？

尤　游 付过钱就可以无节制地拿吗？

李进步 你，你凭什么……没法和他住了，我要搬出去！

尤　游　请便，出去了可别再回来。

李进步　老丁，你给评评理。

丁一行　属鸡的和属狗真不应该住到一起。“鸡狗鸡狗”“叽叽诟诟”。这样老是吵来吵去有意思吗？

尤　游　老丁你看，他从餐厅拿来这么多餐巾纸攒着，别人用这纸擦嘴，他拿来擦屁股。

丁一行　老李，这就是你的不对了。

李进步　我可是省着用的啊。

明白人

丁一行　老了，为一点小事就伤肝动脾，还是没能把人生看透啊。人，常常会把自我放得很大很大。你们有没有这种经历，当你站在高山之顶放眼望去，见景不见人，偶尔甚至会忽略了自我。其实在这世界上我们渺小如蝼蚁。咳，无知之人不明个中道理，还整天为了屁大的事情吵吵吵，真是无可救药。

尤　游　不好，惹得老大哥生气了。好吧，是我起的头，我向老李赔罪。

李进步　是我不好，以后再也不随便拿餐巾纸了。

尤　游　老李，你不会生我的气吧？

李进步　我要是这么容易动气也不会和你住一起到现在了。

丁一行　还都是明白人。

李进步　（自语）幸亏遇上我，要是换了别人，还不被他气死。

开关

尤　游　餐厅里有一个老头，他用自己的饭盒买菜，要了两份鱼香肉丝，结账时只报了一份菜的价格，今天是被我撞见第二次了，上一次他是买糖醋小排骨。

丁一行　还有一位，拿个空瓶到餐厅提供的免费调料处来装酱油和醋。他连这点调料也舍不得花钱买。如此爱贪小便宜的人，真的很垃圾。费医生从医学角度来分析这些人的行为。她认为这可能是由于脑部退化病变引起的认知力衰退。

尤　游　买一份菜交两份钱是“脑部退化”，买两份菜交一份钱分明是“脑部进化”嘛。依我看是这些人的脑子里掌管“荣辱”的开关出问题了，满脑子自私自利、爱贪小便宜的坏毛病控制不住，不由自主地流了出来。

丁一行　对。不怪他们。只怪管控思想的“开关”坏掉了。

尤　游　由此我有一个疑问：假如一个大公无私、舍己为人的人，他的“开关”也坏掉了，他会不会如决堤的滔滔江水，一往无前地去为他人谋幸福？

丁一行　真正的好人是不需要“开关”的！

尤　游　老李，你怎么看？

李进步　你别哪一壶不开提哪壶好吧。餐巾纸那事是我一时的糊涂，以为可以随便使用。我可不是那种爱贪小便宜的人，我们卫生间的洗手液还不是我买来放着让大家一起使用的嘛？

丁一行　对。李进步同志有进步。

尤　游　知错就改应该表扬。

李进步　我可不需要你的夸奖。不过我有一个想法：如果好人的“开关”真的坏了，他的银行卡应该让可靠的人替他代管，最好是让单位管着，免得他一时冲动，让卡上的钱都被激情掉。

开关坏了

嫉妒

李进步　楼上的老太太每天弹钢琴，吵死人了。我要向院方反映一下，房间里不允许私放钢琴。

丁一行　老太太还是蛮自觉的，每天一小时，而且都是在上午9点到10点，那是大家出去活动的时间段。

李进步　反正我听着心里烦。

丁一行　老太太进步蛮快呢，没练几个月就有模有样了。

李进步　这与我有什么关系？

尤　游　记得我很小的时候，每次路过音乐学院都会被里面传出的练琴声深深地打动，心想那弹琴拉琴的如果是我该有多好啊。这个愿望始终没能实现。如今每天都有琴声陪伴在身边，我仿佛又回到了儿时，时常会有小小的感动。

丁一行　是啊，遗憾和愿望有时会陪伴我们一生。

尤　游　老实说吧，有很长一段时间我看到会乐器的熟人都会心生嫉妒。

李进步　好吧，我也实话实说，其实我也是有点嫉妒呢。

看我的

走错门

丁一行　老李、老尤，下午二点学歌，准备建院十周年联欢会的节目。

李进步　知道了。

尤　游　我不去。

丁一行　我们这幢楼的全体老人除了身体不方便的，最好都能参加。

尤　游　我不会唱歌。

丁一行　哪怕去站一站，动动嘴皮也好，连哑巴老迟都参加了，人多势众，做做样子。

尤　游　我不想去。

李进步　你怎么就没有一点组织观念和集体荣誉感？

尤　游　我一个退休的闲人，不知哪来的组织和集体？

李进步　养老院就是组织，本室就是集体。

尤　游　是吗？我还以为养老院就是为我送终的地方，看来我又走错门了。

形式主义

小家子气

李进步　我佩服沈教授，别看人家气度不凡、平时一本正经的大知识分子派头，去年春节联欢会上居然被人拖去演一个坏蛋，出尽了洋相。

丁一行　拿得起放得下，这就叫大家风范。

李进步　也有不是腕儿的，却喜欢摆谱，比一比人家沈教授，我看，可——怜。

丁一行　别说啦，每个人情况不同嘛。

尤　游　我就搞不懂了，让哑巴上台摆样子，非逼着嗓音比公鸭叫唤还难听的人站台亮嗓子，还美其名曰“组织观念”“集体荣誉”，难道这也算是大家风范？

李进步　你再怎么辩也没用。你就是一个小家子气。

相声

李进步　老尤，今天的演出，我和老丁说的相声还行吧？

尤　游　貌似相声，实质就是一般的对话。没多大意思。

李进步　演出现场爆笑不断呢。

尤　游　是挺可笑的。两个平日里在大家面前一本正经、毫无风趣可言的老头，想逗乐大家又逗不乐，在舞台上透出一副尴尬相，确实好笑。你们两个人本身就是一段相声，不经意间成了这档节目中最精彩的笑料。哈哈哈哈。

丁一行　你这个人真没劲，让你上台你不上，别人上台你还说风凉话。

尤　游　关键是你们的相声立意不对。作为擅长讽刺和批评的艺术形式，一味歌功颂德，听着让人头皮发麻。这种相声就是让侯宝林和刘宝瑞来讲也逗不乐，更别说你俩。

李进步 哼哼，你有本事也给大家来一段呀?

尤　游 好啊。明年看我的。

李进步 说话可要算话啰?

尤　游 除非我死了，那没有办法。

有意见

丁一行 今天演出的老来青打击乐最有意思了，台上台下互动，场面火爆。

李进步 要我说，就是这个节目最最差，亏你还说有意思。

丁一行 挺好的呀。你们看，一群老头敲打着“乐器”，个个精神抖擞，全神贯注，青春焕发。

李进步 什么乐器?破锅旧桶、纸箱老竹，放在那里就是一堆破烂。

丁一行 一群从来没有上过舞台，从未玩过乐器的老人，能把手中的家伙敲打出节奏，这就很不错了。

李进步 你听出“节奏”了?

丁一行 听出了。

李进步　我怎么听到的都是些乱七八糟的噪音啊？一群糟老头子，敲打着手中的家伙，就像一群老叫花子在挨家乞讨。

丁一行　你太过分了。你不喜欢，也不可以糟蹋人嘛。

李进步　我何止不喜欢，我是极其讨厌。

丁一行　这个节目是老邹编排的。

李进步　哪个老邹？

丁一行　就是那个指挥呀，你不是认识的嘛。

李进步　最看不上的就是那个所谓的指挥。戴着蓬乱的长假发，装模作样，还以为自己是小泽征尔呢。这个家伙平日里就神抖抖的，自以为是得很。

丁一行　说了这老半天，老尤还没有出声呢。老尤给评评。

李进步　对，看老尤怎么说。

尤　游　要我说呀，你们两人说得都有道理，也都没有道理。

李进步　又要捣糨糊了。

丁一行　看你怎么捣吧。

尤　游　要我说这个节目嘛，一般，没有老丁说得那么好。演出形式老套，乐曲节奏单调，中间还老有人出错。

李进步　就是嘛。

尤　游　老李的评价过于偏激。我感觉你是看不上那个姓邹的指挥，但也不可以把全体参加演出的老人都给贬了呀？站在舞台上的20多位长者，年纪最大的90出头，最小的也70好几了。看得出他们对这次演出很投入，激情洋溢，这点是难能可贵的。

丁一行　他们有各种身份：教师、医生、科学家、干部、警察、工人、农民，还有老板。能够把这些人组织在一起上台演出本身就是一件很有意义的事情。

尤　游　我的评价是：这个节目还是不错的，就是指挥弱了点。

李进步　这个我完全同意。

丁一行　看来你老李对老邹的意见还挺大。

无人喝彩

五重奏

尤　游　今天演出的弦乐五重奏组合不错，蛮有点专业水平。

李进步　哪有什么弦乐五重奏？那是弦乐四重奏。

尤　游　不，弦乐五重奏。

李进步　老丁？

丁一行　他说的是弦乐钢琴五重奏。

尤　游　没有钢琴。

丁一行　没有钢琴就是弦乐四重奏。

李进步　两把小提琴、一把中提琴加一把大提琴，总共四件乐器，哪来的五重奏？

丁一行　老李说的没错。

尤　游　（大吼）幸福养老院里没——有——“四”！

黄牛

李进步　有意思，我前几天送出去的月饼又回来了。

丁一行　是刚才来看你的那位朋友送给你的？

李进步　先前也是别人送给我的，我做了记号送出去，转了一圈又回来了，还在保值期内，来，我们把它消灭了，免得再送出去又转回来。

尤　游　月饼这玩意很有意思，谁都不喜欢吃，可都要送给别人吃。

丁一行　风俗嘛，大家都不能免俗的事情就是风俗。

尤　游　所谓的月饼文化实际上是月饼经济。

李进步　怎么个经济法？

尤　游　我给你们透透内幕：生产月饼的企业卖月饼，同时大量贩卖月饼券。这其中一小部分月饼券换成了月饼，企业卖掉了产品，而更多的月饼券折价到了掮客手里，掮客再加价后返回企业。

丁一行　企业这么折腾有意义吗？

尤　游　意义大了。例如：你们单位从企业购买的月饼票券是 100 元，分给你，你不去换月饼，而是以 70 元的价格卖给掮客，掮客再以 80 元的价格返还企业。

李进步　明白了。老丁赚了 70 元，掮客赚了 10 元，月饼企业扣除少量印刷和物流费用，一出一进，不用生产一个月饼，送出一张券净赚十好几元，好一个无本买卖，GDP 就是这样给拉高的。

丁一行　不都赚钱了嘛。

尤　游　单位不是亏了吗？当然，这笔钱本来就是要发给职工的福利，现在分别流向了几个方面。这就是月饼经济。

李进步　早知道这样，当初发现金好了。

丁一行　发月饼符合人们对节日的期望，再说开支也不算太高。

尤　游　其实这里面承担风险最大的就是那些掮客。他们与厂家没有契约关系，万一哪一天有关部门突然关闭了收购通道，那么积压在他们手中的那些券就会变成废纸。

丁一行　你怎么知道得这么详细？

尤　游　我做过这个买卖。

李进步　“黄牛”！

一屁冲云霄

石子

李进步　老尤，你不愿说就不说。但我还是要问你：人家转业干部的工作都由国家包分配，你怎么沦落到去做黄牛啦？不是犯错误了吧。

尤　游　当初转业，分配我进公安系统，刚从部队摘下领章帽徽，就不想再戴上啦。

丁一行　想做个自由人？

尤　游　进入体制就像一块石子拌入了砂浆，成为高大建筑的一部分，表面看华美、坚固，但是石子本身没有了。而我宁愿还是做一块普通的石子，少受一些约束。

李进步　你靠什么生活？

尤　游　贩货、开小店、代人加工产品、开公司、炒房产，我都记不清做过多少事情了。

李进步　蛮辛苦的。发财了？

尤　游　反正靠我的努力让自己过上了还算体面的生活。

丁一行　而你还是一块自由的石子。

尤　游　这里面的故事很多，待以后有了心情再慢慢告诉你们。

程序

（尤游取来快递）

尤　游　中秋大礼包。哈哈，我们有口福了。

李进步　阳澄湖大闸蟹。你买的？

尤　游　儿子快递来的。六只，三公三母，正好每人二只。

李进步　难为你儿子，把我们都想到了。

丁一行　这么大啊，这公的有半斤吧？

李进步　没错，这儿写着呢，公蟹 5 两，母蟹 4 两。

丁一行　好蟹。

李进步　啧啧，两只快一斤了，我还从来没有享用过这么大的大闸蟹呢。瞧，还有黄酒、蘸蟹醋。你儿子想得真周到啊。

丁一行　你儿子对你还是不错的。

李进步　就是，你还老感觉他对你不好。

丁一行　父子隔阂久了，有时候想亲近会抹不开脸。你儿子很聪明，在中秋佳节用这种方法来表达感情。

李进步　我们当大人的也可以主动一点，毕竟他们是孩子嘛。

尤　游　你们不要以为他过节送几只螃蟹就是为了和我联络感情。我了解我儿子啊，他不是你们想象的那种人。

丁一行　儿子还能是什么人？

尤　游　程序。懂吗，是程序。我和他的父子关系是一种程序。过节了打点一下，是程序规定的动作；将来我躺在医院的床上，他来探望一下也是程序的规定动作；再将来我死了他给我送葬更是程序的规定动作。

李进步　你怎么可以这样说你的儿子？难怪他对你不好。我看你们父子关系冷淡，问题出在你的身上：太纠结、太计较、又太回避。

丁一行　你太无视他对你的关怀和付出。

尤　游　好啦，不说啦。蒸大闸蟹。

舞台

（天色全暗了。三人还在院子里散步。他们在一处亮着灯光的窗前站住）

尤　游　整幢大楼都是暗的，只有她家的窗户里是敞亮的。

李进步 别家到了天黑，都会把窗帘给拉严实了。

丁一行 她住在底楼，窗户又正对着步行道，家中的情况让人一目了然。

尤　游 屋子里所有能打开的灯都大亮着。台灯和落地灯光线的投射形成了特殊的光区。

李进步 一座水晶花瓶被灯光照耀得璀璨夺目。花瓶里一捧玫瑰花插得错落有致，不知道是真花还是假花。

丁一行 是真花。每隔几天就会换上一种花，有时是康乃馨，有时是百合，有时还会是其他好看的花。

尤　游 阳台也被花朵装饰着：一架精巧的木格栅上爬满了粉色的蔷薇花，吊篮里的小花如同小瀑布一样洒下来，随着微风飘曳。各种花朵在顶灯的映照下显出柔和的色彩。

李进步 房间的墙上挂着小幅风景油画和其他装饰；面对着窗户的书架上摆满图书，还有别致的各种小摆件。房间布置得很有艺术感。

丁一行 这家独居的女主人孤高而又清冷，独进独出，从不参加养老院的活动，也很少和别人有交流。

尤　游 她衣着考究合体，淡妆轻抹，举止从容优雅。

李进步 看到她经常坐在钢琴前弹奏，曼妙的琴声若隐若现；她或靠在沙发上阅读，显得轻松自在。

丁一行 我猜想她应该是一位艺术家。

尤　游 至少也是喜欢艺术的人。

李进步　她的这一切都被我们发现了。

丁一行　不是被——我——们发现，而是她在有意地向我们展示。

尤　游　我另外还有一个发现。你们看，这扇亮着灯的大扇窗户像不像是一个舞台？里面有布景，有灯光，还有演员在表演；我们是坐在观众席里看戏的观众。演员在舞台上看不清台下的观众，而观众可以清晰地看清楚演员的表演。

李进步　她演的是哪出戏？

丁一行　是在炫耀她的生活品味？

李进步　原本就算有品味，被她这么一显摆也就没有品味了。

尤　游　展示也好，表演也好，这是一个人的自由。这肯定不是那种被动的、令人害怕的警察社会下的所谓“玻璃房子”，我觉得她是在主动向我们展现“透明之美”的自由个性。她用这种方式在告诉我们这些老年人：住在养老院里也可以过上有品质的生活；晚年生活不是残羹剩饭，而是刚刚摆上桌子的华宴，在等着我们尽情享用。

李进步　那也不要太过招摇嘛。

尤　游　你以为那些拉严实窗帘，瞎着灯的就不表演了吗？

墓志铭

尤　游　杂志上的一个题目："为自己撰写墓志铭，用一句话来评价自己的一生。"

丁一行　我想想……我是"平凡之人，一生无亮点亦无黑迹"。

李进步　"我，被时代潮流推着走，既无力站在风口浪尖，也没有被潮水吞没。"

丁一行　老尤，你的呢？

尤　游　我一介草民，哪配得上写墓志啊。

丁一行　依我看你就写上："一个自由主义者"。

李进步　应该是："一个自以为是的自由主义者"。

尤　游　还是"一个从未享受过自由的自由主义者"更确切。

李进步　好在我们幸福养老院只有你这一个另类，否则非乱套不可。

尤　游　到了我们这把年纪，真的应该静下来反思一下这辈子自己究竟是一个什么样的人。

李进步　是君子，还是小人。

丁一行　是为人大方的人，还是自私小气的人。

尤　游　是追求精神生活的人，还是疯狂的逐利者。

李进步　是闲云野鹤、任性放浪、无所顾忌的胆大之人，还是谨小慎微、规规矩矩、不敢越雷池一步的胆小之人。

尤　游　是具有独立思想的人，还是依傍于权势之下狐假虎威，或在他人的阴影下唯唯诺诺、苟且偷安，一辈子弯着腰做人的可怜虫。一个没有独立人格的人，在我看来，这一生活得太冤了。

丁一行　每一个人都将自己一生的所作所为写在墓碑上了，哪怕没有一个字。

发水疯

（会餐结束，在往家走的路上）

李进步　我发现了一个秘密，今天老邱喝的不是酒，是掺了一点点酒的矿泉水。

丁一行　你怎么知道？

李进步　我趁他不注意的时候尝了尝，很淡很淡的。

丁一行　难怪那么能喝，都一瓶了。这老邱平日里不声不响的，今天很反常哩。

李进步　没喝多少酒为什么还要发酒疯？

尤　游　他肚子里有怨气，不借“酒”能发吗？

丁一行　发酒疯很可怕。

尤　游　“发水疯”更可怕。

装疯卖傻

分开住

尤　游　国外有一种宠物养老院。

丁一行　那是为有钱人办的。

李进步　能把人照顾好就不错了，还宠物呢。

尤　游　刚开始我和你们的理解也是一样的，往下看才知道是理解错了。其实，那是专门为喜爱宠物的老人开设的特殊养老院。让饲养宠物的老人住在一起。有动物的陪伴，有相同的爱好，有感兴趣的共同话题，会让老人过得更加愉快。养老院还为宠物准备了专门的设施和活动区域，这样就不会影响到其他人了。

丁一行　这倒不错。

尤　游　我看这种养老院的开办意义用“共同”两个字就可概括：把有共同价值观、共同爱好、共同生活习惯、共同意愿、共同……的人群聚集在一起居住。

李进步　最好我们也开设类似的养老院，来满足的不同需求。比如为喜欢抽烟的老人设立专门的养老院，我给它起个名字叫“云雾里”。我们把“云雾里”养老院的所有区域都设计安装强大的排烟、除味、新风、静音系统，让居住在那里的老人可以绝无禁止地随意吸烟，而又不受二手烟的侵害。到时候你们吃大蒜就没有人讨厌了。

丁一行　要我说，让不抽烟，不喝酒，不赌博，不吵架，不打架，没有坏习惯的人住在一起，这一定是一个最最安宁的文明养老院。

尤　游　那是专门为阿尔茨海默病患者设立的治疗护理院。我倒希望能够有一种养老院，让持不同观点的人分开来住。激进的住东区，保守的住西区，逍遥的住中区。各区都有自己的行为规范，各家有各家的做人准则，大家互不干涉。

丁一行　激进的和激进的住在一起，还不天天打架？不可取。

李进步　真要那样，我们和老尤就住不到一起了。

宠物

尤　游　现在很多人喜欢养宠物，正常的饲养无可厚非，但是有些人把宠物视作自己生命的一部分，这就有些过头了。

李进步　我养过一条贵宾犬，我能够理解这些人的心情。动物是有感情的，在平日的相处中你经常会被它感动，有些你从人际社会中得不到的东西恰恰它会给你。

丁一行　养宠物太麻烦，伺候它吃喝拉撒不算，一旦生病还得担心。

李进步　这是问题的关键。养宠物犬时间久了，它就成了家庭的一分子。我家泡泡（狗）出生不到一个月就进了我家门，养到13—14岁就进入老年了。那以后健康每况愈下，我们每天都在担心它哪一天就要死去，这种牵挂和担心一直伴随到它生命的结束。

丁一行　你可以再去买一条狗来养嘛。

李进步　不养了，感情上的折磨实在让人太痛苦了。

尤　游　我住的小区里有一位养狗的孤老太，每天都要牵着宝贝狗来遛弯，她遇见熟人就哀叹，说她的这条爱犬已经很老很老了，她担心哪一天它走了，扔下她孤零零的一人，让她可怎么活啊？

李进步　后来呢？

尤　游　有一天我看到那只小狗独自在小区里游荡。旁人说，老太太死了。

贵宾犬

建议

尤　游　听说有的日本养老院开设小赌场，里面摆放一些赌具。他们发给老人一些筹码，模拟赌博。玩赢了就在专门的证书上做一个记录，达到一定积分后可以用来换取一些小食品或小的日用品。玩输了就罚老人做做操，活动活动筋骨，老人们乐此不疲。

李进步　你又在打什么鬼主意了？

尤　游　不是鬼主意，是受到启发。我建议我们养老院也可以借鉴一下他们的经验，开办一个小小的游乐室，挺好玩的。

丁一行　赌博在我们国家是明令禁止的，再说你根本就弄不到那些赌具。

李进步　痴人说梦话。你们想想，国家禁止赌博，还是有人铤而走险，暗地里聚赌，公安机关一旦发现，立即打击、取缔。新闻里经常有这方面的消息。

尤　游　就因为国家明令禁止我们才会有机会。

李进步　那又怎么样?

尤　游　我们可以联系公安，把收缴来的赌具送给我们养老院。我们不赌博，只是利用赌具来进行文化娱乐活动，把邪恶的赌博工具改造成健康、有用的益智玩具。我的主意还不错吧，弄得好，还能作为老龄工作创新经验向全国推广呢。

李进步　做梦吧。

丁一行　我这里还有更好的主意呢。也是在国外，一个另类养老院把应召女郎请进来，穿着比基尼来挑逗老人，美其名曰：激发老人的肾上腺素，提高老人对生活的渴望，延长老人的寿命。你不想也给院方建议一个?

尤　游　我们说的是两码事。

丁一行　旁门左道。

李进步　歪门邪道。

狗狗学样

成就

（李进步从外面回来）

尤　游　你们的这顿宴席吃的时间不短嘛。都请什么人啦?

李进步　请了一大帮人，都是书画兴趣小组比较谈得来的，连老董自己一共 10 个人。

尤　游　遇到什么高兴的事情啦?

李进步　老董赚了一点小钱，拿出来请大家。

丁一行　80 多岁的老人还能赚钱?不容易。

李进步　他的一幅画参加了一个全国性的展览，获得了一等奖。

这次不光有获奖证，还发了 500 块钱呢。

尤　游　一等奖才 500 块？这是个什么样的全国展览啊？

丁一行　你别管人家是什么样的展览，能给获奖者发钱，就是不错的展览。

李进步　老董的这幅画还真不错：牡丹工笔，错落有致的大小 5 朵花，画在 50 公分见方的绢面上；画工精致，布局讲究。从打稿到画成用了一个多星期。他的眼睛不好，脸几乎贴在绢面上作画，真的难为他了。

（李进步打开手机展示老董的画作）

丁一行　画得好细致啊。

尤　游　画得不错。这幅画要是摆在画廊卖，至少也得标 2000 块钱。如果让名人稍稍点缀一下再题上名字那就远远不止这个价钱了。

丁一行　老董厉害。

尤　游　他就用这 500 块钱请你们这 9 个人？

丁一行　哪里，这次让老董破费了，一桌酒菜 1000 多块，他趁着兴致，把家里珍藏多年舍不得喝的一瓶五粮液也拿出来了。酒真好，你要是去了就可以过瘾了。

尤　游　早知道有这么好的老酒，应该叫上我，那 1000 多块的菜钱我来出。哈哈。

李进步　我从来没见到老董那么高兴的样子，他一个劲地为别人夹菜劝酒，嘴角就一直没有合拢过。

丁一行　值得高兴。

李进步　嘻嘻。赚 500 块，又倒贴出几千块，这个账算不下来。

丁一行　不在于得到多少钱，在于他的画获得了别人的赞赏。

尤　游　再多的钱也买不来获得成就后的幸福。

风筝

尤　游　你们注意到没有，鲁老太这些日子每天都坐在院子里发呆。

李进步　不让她捡垃圾了，她闲着没事做，能不发呆吗。

丁一行　这位老太太也真是的，把垃圾捡拾来，有用没用的都堆在屋子里，把个好端端的家弄得像个垃圾房，臭气熏天的，影响邻居不说，也不怕自己害病。前些天院里派人来帮她集中清理，里面破铜烂铁、纸板箱、饮料盒，什么都有，足足弄走了一卡车。最让人受不了的是，老鼠还在她家做上了窝，弄出了一窝还没有睁开眼睛的小老鼠。

尤　游　好像这已经是第二次了。第一次还从她家弄出一堆蜂窝煤，说是备着，万一哪天断了煤气好应急，她哭着硬是拦着不让拿走，最后是好说歹说才勉强同意的。

李进步　有些东西还是有用的。比如好的纸盒子之类的，今后如果要搬家，装个物件什么的还是很好的。

尤　游　住养老院的，要再搬，那是搬人了，要用木盒子，纸盒子是没有用的！

李进步　从你这嘴里出来的就没有好话。

丁一行　其实鲁老太的经济条件很好的。她儿子生意做得很大，对妈妈也很孝顺。那次小汪管家的母亲开刀急需医药费，老人们自发组织捐助，她听说后毫不犹豫地拿出来 5000 块。这些钱可以抵多少垃圾啊！

李进步　我理解鲁老太的行为。我们都是从贫穷走过来的，节俭是一种习惯，要想改变很难，这是其一；其次，人虽然老了，但不是一无所用，还能够继续创造价值。她在捡拾中发现了物的价值，也体现了自己的精神价值；再次，捡拾的过程是劳动和锻炼身体的过程，也是她与外界交流和接触大自然的过程。

丁一行　这么说，捡拾将继续，收纳无止境啰。

李进步　一定的。

尤　游　一定的。鲁老太这几天人坐在院子里，她心里惦记的是院子中间的那棵大樟树，我看到她有好几次去试着摇动那棵大树。

李进步　为什么？

尤　游　那棵树的树梢上挂着一只飞落的风筝，她等着它落下来。

谁知道

李进步　出生环境对人生攸关重要。

尤　游　你出生在美国就有希望当总统，你出生在索马里就有可能当海盗。

丁一行　出生在大城市的人要比生活在边远山区人的上升机会多得多。

李进步　家庭出生对人的影响更是不可低估。

尤　游　豪门望族的孩子一出生就站在高位上，卑微人家的孩子出生后总得伸长脖子才能看到前方，这才是人生命运里注定的起跑线。

丁一行　跑一辈子，大多数人之间始终保持着原始的距离，永远无法靠近。也有的人通过努力、机遇和能力逐渐拉近了距离。小部分人甚至可以平行，甚至反超。

李进步　我祖上很富裕，小的时候我享受过优渥的生活。

丁一行　我家很穷，很小我就要为父母分担家务、照顾弟妹。

尤　游　现在，我们都住在幸福养老院的333室。

……

尤　游　有一次我带儿子去公园玩，公园门口一个卖花的小女孩缠住我，让我买她的花。事后儿子对我说，幸亏自己不是她。

丁一行　你怎么回答？

尤　游　我说，将来谁知道谁是谁哩！

不分高下

优秀

李进步　小的时候我们以父母为骄傲。

丁一行　老了，我们以子女为荣耀。

尤　游　骄傲或荣耀取决于你的父母或儿女是否优秀。

李进步　其实，我们现在过的是孩子的日子。

丁一行　孩子好，我们也好；孩子不好，我们也不会好。

爷爷最大

举旗

丁一行　今天附近小学的孩子们来为我们演出，看着那一张张充满稚气的脸庞，我想起小时候上学时，那些打着小旗护送我们过马路的老人。

尤　游　有老爷爷还有老奶奶，他们胳膊上戴着红袖章，手里举着小旗，骄傲地站在马路中央，保护着我们这些孩子们，他们的脸上充满着使命感。

李进步 虽然我们并不认识，但看他们就像看自己的爷爷奶奶那样亲切、慈祥。

丁一行 每次，孩子们都会齐声喊着爷爷好、奶奶好，用稚嫩的问候报答他们付出的辛劳。

李进步 老人的脸上洋溢着喜悦和满足。

丁一行 那时候我常常会想，等将来我老了，也要出来为孩子们举旗。

李进步 这些老人早已不在了，如此动人的场景也不会再有了。

尤　游 不知道现在的孩子会怎样看我们?

丁一行 真希望能为孩子们举旗啊。

李进步 哪怕只有一次。

尤　游 哪怕一次!

无人教导

丁一行 是“坏人变老”，还是“老人变坏”？这个问题好像无解。

尤　游 谈不上变老还是变坏，在我们以及比我们小几岁的这代人身上，清晰地反映出成长的时代烙印。

李进步 为什么现在有些老年人就这么让年轻人不待见呢?

尤　游 待不待见不是随便说说的。在我们年轻时，年长者一般都会受到尊敬甚至是崇敬。他们很多都受到过良好的传统道德教育，至少行为举止符合老人的年岁。

李进步　老有老的样子。

尤　游　反观我们这一代，有些人在行为上表现得缺乏教养，不自重，被后辈小看就再正常不过了。

李进步　哎，也不能全都责怪我们。我们成长的年代正遇上社会动乱，恶劣的土壤和空气让树苗长畸形了，也是没有办法的事情。

尤　游　树长歪了很难扳正。人是可以通过学习和感悟不断自我修正的。只有那些把无知当作炫耀资本的人才会甘于成为后辈的嫌弃之人。

歇着吧

李进步　护工小甄和小贾过于亲密，太不像话。

丁一行　人家不是公开的恋人嘛。

李进步　谈恋爱回家谈，不能在上班时谈。

丁一行　我看他们不但没有影响工作，反而激发了工作热情。你看，工作上遇到了困难，他帮她，她助他，最后受益的是我们老人，挺好的呀。

李进步　不行，我看不惯，我得向院里反映反映。

尤　游　你想拆散他们？用心歹毒啊！

李进步　谁拆散他们啦？我只是让他们在上班的时候不要谈恋爱。

丁一行　你分得清他们在一起时是在谈恋爱还是没在谈恋爱？

李进步　当然啰。

尤　游　我们也曾年轻，我们也有过激情四溢的热恋时期。你想一想，新树会因为朽木的阻碍而停止生长吗？不会的。老人家，还是到一边歇着吧。

不领情

依存关系

丁一行　今天岳老做100岁生日，90多岁的柳阿姨真不容易，服侍卧床老伴20多年，尽心尽力。

李进步　真不知道柳阿姨这么多年是靠什么熬过来的，她的身体也不好。

丁一行　应该是“爱”吧。

尤　游　除了爱，我看到更多的是习惯。柳阿姨习惯了照顾岳老的生活，这已经成为她生命中的一部分。老伴互为对方精神和生命的依靠，他们之间是相互依存的关系，谁都离不开谁。

丁一行　柳阿姨现在每天所做的一切就是围着岳老这个中心转，很难想象，一旦没有了这个中心柳阿姨会怎么过。

李进步　从这个意义上讲，岳老是座山，没有了他，她会失去支撑。

尤　游　柳阿姨是条河，有了这条蜿蜒在山旁的河，山的风景更好看。

丁一行　他们都是为了对方在努力地活着。

读书

丁一行　我想给义工活动增加一个内容，就是每周用一个下午的时间给老人们读读书。

李进步　读什么？

丁一行　小说、散文、诗歌。

李进步　省省吧。电视里那么多小鲜肉都看不过来，谁还听你这老咸肉读书？

丁一行　还是会有人喜欢的。

尤　游　喜欢书的人不用你读，不喜欢书的不听你读。

厚度

丁一行　百岁老人越活越精神，而不太老的老人突然就离世了。

尤　游　人生难料啊。

李进步　按本市平均寿命我还有不到10年的生存时间，10年是一眨眼的功夫啊。

丁一行　坐70望80，坐80望90，到了90岁时会想，还能不能撑到三位数？

李进步　生命的长度不如厚度。我最希望活着的时候健健康康，走的时候无知无觉。

尤　游　这最容易了，你每天去搓麻将。某天碰到绝佳运气：字一色、单吊、海底捞月。于是血脉贲张——去了。有的老人在麻将战斗中牺牲，这够厚了吧？

李进步　要是老遇不上你说的运气呢？

尤　游　那就憋屈死。

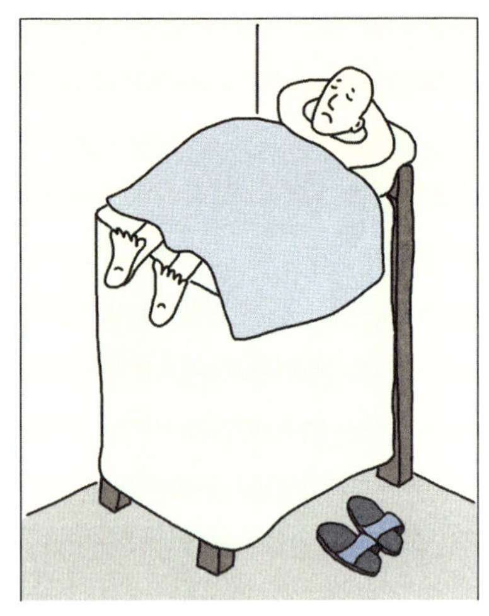

有厚度

满足

尤　游　我要是能活到平均数就很满足了，有多少未涉世的孩子、风华正茂的青年、事业正在巅峰的壮年都先我们走了。

李进步　就是他们这些人把寿命的平均数给拉低的，按理我们的期望寿命还可以更长一些。

尤　游　你还想活多久？

李进步　没大奢望，只要比你长一点就满足了。

尤　游　我和你的想法正好相反，我宁愿你们来给我送终。

讲究

丁一行　新来的老陈有意思，墨镜、耳麦不离身，棒球帽、立领T恤，全是年轻帅哥的打扮。

尤　游　充满朝气，怎么也看不出是快90岁的人了，真让人羡慕。

丁一行　老先生很讲究呢，每顿饭都要使用自己带来的成套细瓷碗，再用上相配的筷勺刀叉和小桌布。看他吃饭的样子就知道他真是享受：细嚼慢咽，有滋有味，就像是在参加国宴。

李进步　他碗里装的内容还不是和我们一样的吗？穷讲究。

尤　游　“讲究”是追求，在求新求变中获得全新的生命感悟。“随便”是混世，每日浑浑噩噩，只等着死神的召唤。

【拾月】

重阳节

丁一行　今天重阳节，你们一整天都像孩子过“六一”那样兴奋。

尤　游　当然高兴啦，院里给我们每人都送了鲜花。

丁一行　其实我也很高兴，中午的那顿免费大餐多丰富啊。

李进步　送鲜花不实惠，把买鲜花的钱买两包洗衣液就圆满了。

尤　游　还是鲜花好，看着享受。

李进步　好看是一时的，洗衣液可以用好长一阵子呢。

尤　游　当然鲜花好。

李进步　还是洗衣液强。

丁一行　我看你们是越老越小了，真把“重阳”当“六一”了。哎，我告诉你们一个事儿，刚才隔壁的吴老先生让管家帮忙给他儿子发了一条微信。

李进步　怎么说？

丁一行　祝他儿子重阳节快乐。

李进步　呦，这是什么意思啊？

尤　游　是有好些个日子没见他儿子来了，他儿子也60多了吧？

……

光阴

标签

丁一行　你们发现老郑身上的文身了吗？一条龙。

李进步　是啊，在右手臂上，一条狰狞的青龙。

尤　游　你们看他过去像是做什么的？

李进步　我猜他年轻时不是流氓就是打手，反正不是干正经活计的。

尤　游　我看也是。

丁一行　何以见得？

尤　游　好好的谁会文身？

丁一行　我告诉你们吧。老郑年轻时是共产党的地下工作者，抗日战争时是往返苏中根据地和上海地区的联络员。为了隐蔽身份，便于开展工作，在组织的安排下，他混入了一个地方帮派组织，文身是加入这个组织的首要条件，相当于投名状。

李进步　还有这么一段历史？杨子荣式的英雄。

丁一行　正因为这一段历史，让老郑后来吃了不少苦头。最让他痛苦的是，这个“丑恶的标签”洗也洗不掉，擦也擦不去，将永远伴随他到死。

尤　游　给人贴标签是我们多年来形成的习惯。老丁天庭饱满、慈眉善目，长得像大干部；老李一脸书卷气长得像大知识分子；至于我嘛……

李进步　满脸邪气。

丁一行　最像坏蛋。

尤　游　所以“标签”最容易蒙蔽人。尤其是那些衣冠楚楚站在台面上满嘴唱高调的人物。

依靠

丁一行 老尹的儿子和儿媳闹离婚，为孙子的抚养权，老尹夫妇和亲家争个不休，吵着要上法庭呢。

尤　游 他要就给他，落得个轻松。

李进步 你说得倒轻松，一旦放弃，这孙子就算替别人养了。

尤　游 管他替谁养，不还是自己的孙子吗?

李进步 没那么简单，到时候孩子不亲你。

尤　游 含辛茹苦喂出白眼狼的例子多了去了，永远不要把自己的生活和情感寄托在孩子的身上，靠不住。

丁一行 哪怕生活上不依靠孩子，情感上还是要依靠的。

李进步 老丁说得对。没办法，谁让我们是中国人呢?

拆

使用它

李进步　老查总是黑着脸不爱搭理人。

丁一行　一本线装《红楼梦》从不离身，翻得稀烂，还是读得津津有味。

李进步　我纳闷，他同屋的老戴怎么就不烦他？

尤　游　他不勾心斗角、不搬弄是非、不影响他人、不背后损人、不妨碍着谁，为什么要烦他？

李进步　养老院还有一位从不搭理人的老先生，耳朵成天埋在大耳机里，声音大到旁人都听得见。有好几次耳机的插头连接掉了，他都不知道。

丁一行　他的收音机永远调在新闻频道上，听说他什么都听不见，他耳背得厉害。

尤　游　我知道他为什么要这样做了。

李进步　为什么？

尤　游　当你长着一双中看不中用的耳朵，无法与他人交流，你又不想让别人误以为你傲慢不理睬人，最好的办法就是让别人知道你正在使用它。懂吗？

烦死啦

李进步　对门的这对老夫妻，大吵三六九，小吵天天有。每天这么耗着，干嘛就不离婚呢。

丁一行　老太太说：坚决不离。要是离了，将来一个人单身住在墓地里，她害怕。

尤　游　只知道不让自己害怕，她就不顾墓地里住在隔壁的邻居感受——又要被他们吵死了。

敬重

（三人在食堂用午餐）

丁一行　你们看，彭老师先买好饭菜在等候费医生。每次他都是这样正襟危坐，费医生不坐下来动筷子，他决不先动筷子。

尤　游　在家里，你们是自己先吃呢，还是等老婆来了一起吃？

丁一行　我没注意这个细节，时间久了，也记不清了。

李进步　我们家大多是她等我。不过我觉得，夫妻间还是不要太刻意了，随意一点更加亲近。

丁一行　有的时候也不为礼貌，等到一起吃也很自然。

尤　游　你们还是不以为意嘛？

丁一行　那也不是，各家有各家的习惯。

李进步　我是不以为然。相敬如宾、举案齐眉，那不是老来的夫妻，而是刚刚结识的情人。

尤　游　我以为然。夫妻互尊互重从一言一行开始，时间长了就会从刚开始的刻意变成习惯，一切都会变得自然而轻松了。我们平时可以从费医生的眼睛里看出她对彭老师的脉脉温情，从彭老师的举止上看到他对费医生的般般体贴。这对老夫妻相敬相爱，生活中安静而优雅，令人羡慕。

李进步　他们经常手拉手在院子里散步。

丁一行　他们要比一般的夫妻更懂得相互敬重。

尤　游　融入到血液里的爱，是装不出来的。

团结模范

李进步　宗女士离开我们幸福养老院，去外面养老院了。

丁一行　为什么？

李进步　听说和同屋的卢女士闹矛盾。

尤　游　怎么会呢？我看她们同进同出，不是说她们好到穿一条裤子都嫌肥吗？

李进步　那是表面现象，私下里都在损对方。我早有耳闻。

丁一行　是吗？我还以为……

尤　游　别看我们这里吵吵闹闹，老李老是嚷着要搬出去住，到现在还赖在这里舍不得离开。

李进步　我不是舍不得离开你，我是舍不得让你就这么得便宜。

丁一行　其实你们俩谁的心里都放不下谁。

尤　游　都说三个女人一台戏，在我看来女人唱的多是闹剧；我们三个男人也是一台戏，而我们唱的却是喜剧。

李进步　未必，女人也有演喜剧的，男人也有唱闹剧的，还是要看谁和谁唱。

丁一行　我们三人是行当整齐：生、净、丑都有。

尤　游　要是再有一个"旦"就齐全了。

李进步　你是三句话离不开女色。

丁一行　老尤是挂在嘴上，老李是挂在心里。男人就那么一回事。

李进步　嘿嘿。

尤　游　哈哈哈。要是养老院评选团结模范寝室绝对是我们333室。

李进步　亏你还好意思说出口。

荣誉

安宁

李进步　每天和一群比我们更老的老人在一起，你能眼看着他们在很快地老去。脊背越来越弯曲，步履越来越艰难，能力一天不如一天。看着他们，我们知道自己一样也在悄悄地衰老着。

尤　游　我们不都是从年少张狂、自以为是、藐视天下走过来的一群人吗?

李进步　可不是嘛。年轻时我们看到老态龙钟、颤颤巍巍的老人觉得很可怜，从来没想到过我们也会有一天距离衰老是那么近，生命那么短暂。

尤　游　别看这养老院的老人大多谦谦恭恭、貌不惊人的样子，其实这里可是藏龙卧虎的地方。

丁一行　看似不起眼的那个人也许就是厚厚的一本书。现在老了，该得意的已经得意过了，曾失意的也再没有什么可以失去了。

尤　游　把人生的那点东西看明白了，不再显山露水，让身体和精神都归于安宁。

假设

尤　游　假设中了100万，必须拿出一半捐赠，你们怎么做？

李进步　哪会有这么好的事情？

尤　游　听得懂吗？“假设”。

丁一行　假如我中了100万，自己一分都不留，全部支援山区教育，那里最需要钱。哈哈。

尤　游　狡猾。

李进步　假如我中了100万，拿出50万捐给本养老院，让这里的老人都得实惠。

尤　游　还有50万呢？

李进步　留给孙子。以后他们要花钱的地方越来越多，给这点可以聊补聊补。

丁一行　想得远。老尤你呢？

尤　游　要我就全部捐赠给本室。重新装修屋子、添置新家具和高档被褥，怎么样？

李进步　你眼界太小啦。

尤　游　老丁是一杯水倒在河里，老李是一杯水倒在缸里，我呢，是一杯水倒在碗里，还小吗？

李进步　要换你们换。我的家具和用品用着挺好，不要你换。

丁一行　老李当真了。他最认真，也最容易上当。其实在我们三个人当中，老尤最聪明。

李进步　是最坏。

借题发挥

丁一行　刚刚听说护工陈阿姨辞职了。

李进步　不会吧，前几天我还见到她，挺好的呀?

丁一行　多好的女同志，热情、细心，又体贴人。

李进步　可能是受不了委屈吧?她专职护理的那位老邱对她的态度有点过分，老是把她当丫鬟来使唤。唉!走了可惜。

尤　游　可惜什么?可惜走了一个“使唤丫头”?那些人，自以为付了几个臭钱就可以摆老爷架子，对人颐指气使，以为自己是个什么人物似的。陈阿姨走得好。“老娘不伺候了!”

丁一行　你也不要主观臆断，人家陈阿姨的离职或许还有其他原因吗?

尤　游　我没有臆断。我知道陈阿姨的辞职也许还另有他因。我是有所指：幸福养老院就那么几号人，一辈子没当过老爷，这回跑到养老院来过老爷、太太瘾了。

李进步　老尤说得没错，我也最看不上那号人。

U 盘

李进步 前些日子，小杨也离职了。

尤　游 哪个小杨？

李进步 就是个子很高、长得很帅的男管家。

尤　游 噢，怪不得好久没见着了。

李进步 我也是才听别人说的。

丁一行 他不是经常来找你请教功课吗？

李进步 就是嘛。他业余在读会计大专课程，有弄不懂的问题就来找我解答，挺好学的。听说已经拿到大专文凭了。

尤　游 他离职前也没和你打个招呼？

李进步 那倒不需要。我生气的是我有一个 U 盘拷了资料借给他，他也不还给我，我发微信向他要，你们猜他是怎么回答我的？

丁一行 猜不出。

李进步 他回我说："不知道放到哪里去了。"

尤　游 就这一句？

李进步 没有第二句。

丁一行 这孩子缺少最起码的做人道理。他应该先向你表示歉意，然后再去买一个 U 盘还给你，这 U 盘又值不了几个钱。

李进步　我想的不是这个问题。这小杨过去和我们相处的时候，是那样热情周到，看上去知书达理，怎么一离开养老院转身就变成了另外一副嘴脸呢。我在想，其他管家和护工会不会也像他那样，人一走脸就变吧？

丁一行　你这是想多了，人和人是不一样的。你想，在他之前离职的小王、小朱不是还经常回来看看我们这些老人嘛，过年过节也会发个微信来问候一下的。

尤　游　老李确实是想多了。我举个例子，幸福养老院的在职员工上班的时候都要按照规定穿着工作服，这是职业的标志。一旦穿上这身服装，他们就必须按照职业的要求来表现自己，否则就是不称职。然而，下班回到家里，他们就可以随意穿着自己习惯的服饰，或衣冠楚楚，或花枝招展，或邋里邋遢，没有人会在乎这个。

李进步　我没有听懂你的意思。

尤　游　人家也有父母要孝敬，也有子女要抚养，也有朋友要交往。凭什么离开了工作岗位还要把心思用在我们的身上？

丁一行　老尤是说，别管管家们对你是真情还是假意，只要他们能够尽到工作本分就够了。

尤　游　老丁说对了一半。应该是，不管他人将来会如何对待我们，我们只要一如既往地付出真情来对待他们就够了。

递进关系

尤　游　我经常在想，那些年轻的护工和管家每天和我们这一群老头、老太打交道，他们会是一种什么心态？

丁一行　可能心里很烦我们，但是他们也没有办法，这是工作。

李进步　我们有什么好让人烦的？在养老院工作总比在殡仪馆做礼仪、帮死人化妆强，也不用每天和尸体打交道。

丁一行　你这个比喻也太吓人了。

尤　游　这个比喻挺贴切的。养老院和殡仪馆是递进关系。

不反对

尤　游　如果是你们的孩子，你们愿意他们到养老院工作，一辈子伺候那些没有血缘关系的老人吗？

李进步　不愿意。

丁一行　我也不愿意。

尤　游　为什么？

丁一行　这些孩子，在家个个都是宝贝疙瘩，大小事情都要做长辈的操心。在养老院，他们的角色与在家里的角色来了一个大反转：他们要去关爱老人，服务老人，要操持老人的日常生活。面对明事理的老人还算好，要是不幸遇到刁蛮的、不讲道理的老人，遭受了委屈还不能诉说，还要赔笑脸。我怎么舍得让自己的孩子来干这个工作。

李进步 就是。

尤　游 我相信，养老院的大多数孩子是真心喜爱这个事业，本人的气质特性也适合做这项工作。但也有一些是并不想把管家、专员工作作为终身职业的。

李进步 他们有的是一时没有更好的选择，先找个暂栖之地，然后再谋高就。有的是“误入歧途”，不明就里，懵懵懂懂地闯了进来。

丁一行 还有的是作为人生规划的一部分，来养老院学习和掌握工作经验，学习待人处世之道，为未来有更好的发展夯实基础。

尤　游 这三种人都有。不过我最欣赏老丁说的那种人。其实他们可以把养老院看成是一所学校，把我们这些老家伙都当作老师。当然，其中有好老师，也有“反面教员”的。在与我们这些“老师”的交往中，他们可以很清晰观察、了解到大多数老人的情况。“历史使人明智”，我们这些过来人每一位都是一本人生历史的教科书。他们可以从我们不同的经验和教训中汲取智慧，便于他们早一点认清社会，认清自己，给未来做出正确的判断和规划。

李进步　至少可以学到应该怎样做人，要做一个什么样的人。我们这些老家伙都是生动的“课件”。

丁一行　我们老人中，有许多学识、学养好的，也有不少专业领域的能人，只要孩子们做个有心人，愿意去学，还是可以学到一点东西的。

尤　游　既然是学校，孩子们的离职，就是很正常的一件事情了。他学好了本领，当然要“毕业”，寻找更好的地方去施展才能，去进步啰。

李进步　假如他们走了很多年后，还在念叨，是在养老院的经历给了他们一些正确的人生指导和磨砺，我们就满足了。

尤　游　如果这样，我倒愿意让我的孩子来养老院工作。哪怕他将此作为毕生的事业。

李进步　把这个工作作为事业来做，还是很有前途的。这样我就不会反对孩子来干这行了。

丁一行　我也是。

同化

李进步　我这里有一组漫画，题目是《十年变化》。画的是一个小青年进了养老院当护工，陪伴着一群老人，只经过短短的十年就变成了老头模样。

尤　游　这个蛮能说明年轻护工的心理和生理上的变化。

丁一行　环境改变人。当年我们南方的社会青年去支援新疆，吃着那里的食物，喝着那里的水，晒着那里的太阳，受着那里的风沙，同那里的人接触，时间一久，逐渐就会带上当地人的体貌特征了。

李进步　不光脸型被同化，语言和性格也会被改变。

尤　游　我也来设计一组漫画：一位老妪，到幼儿园当保育员，几年工作下来，变成了翩翩少女。题目稍作修改：《变化十年》。

李进步　你也太过浪漫了吧。

丁一行　还真是的，有时站在一群孩子中间就会感觉自己变得年轻了。

翻脸

丁一行　住在护理部的老邝去世了。他的女儿、女婿来养老院交涉，怪罪他们父亲的死是护工护理不周造成的。

李进步　护理部全天候上班，每2小时巡房一次。怎么就照顾不周啦？

丁一行 那天护工发现老爷子神情不对，就喊来医生，医生检查后果断将老爷子送外面大医院急救，同时通知他的家属去医院。

尤　游 应该算及时，也是负责的。

丁一行 医院医生在为老邝检查时例行问了一句，有没有摔过跤。护工回答没有。

尤　游 高龄老人最怕摔跤。

丁一行 老邝送医院没几天就去世了。

李进步 快 90 岁的老人，保不准哪一天就会走的。

丁一行 老邝的子女可不这么想。他们认为父亲的死是由于摔跤引起的，要求养老院赔偿。她开始是狮子大开口，要 20 万。后来退到 10 万。到最后觍着脸要养老院好歹给个几万。

李进步 养老院怎么说？

丁一行 钱是不能随便给的，要是给了就是变相承认自己有责任了。

尤　游 谁主张，谁举证嘛。

丁一行 他们拿不出任何证据来说明问题。闹了一通，现在不了了之了。

李进步 无非还想让他们的老父亲再做最后一次贡献。

丁一行 老邝的女儿很有心机。他父亲活着的时候，她对养老院是好话说尽。她送锦旗表扬护理部，挂在墙上最大的那面锦旗就是她送的。

李进步 是不是去年在院庆大会上满怀深情发言的那位女士？

还念了一首她自己创作的《献给亲爱的护工姐妹》的诗呢。

丁一行 对。就是她。

李进步 哦哟哟，原来是她呀。发言时那个装腔作势、感恩戴德的样子，就差要给照顾她父亲的护工们下跪了。

丁一行 这事最伤心的还是那几位尽心照顾老人的护工，一提起这事就流泪。

尤　游 把人的感情利用完了，就弃之不顾。为了一点利益，可以不择手段。翻脸比翻书还快。这老爪怎么养了这么个东西啊！

不原谅

丁一行 老尤，你得控制一下自己的火气，你同那位老先生吵架，把人家骂得狗血喷头。你自己生气不要紧，万一把老先生也气出毛病来，你的责任可就大了。

李进步 那人也太不像话了，就为了管家卖早饭不小心多收了他的1块钱，就把管家骂得什么都不是，这是个什么人呀？

丁一行 新住进来的。好像是一个中学的老师，教数学的。

尤　游 前几天的一个中午他就开始发飙了，他指着厨师的鼻子责问，为什么卖给他的虾要比前面那一位少一只？厨师被他问懵了，一时不知道怎么回答他。

李进步 在幸福养老院里他们还没有碰到过这种人嘛。

尤　游 这位老先生证据凿凿，说前面那人的盘子里有 8 只虾，而厨师只给他 7 只虾，不信可以摊开来数。

丁一行 虾有大的也有小的嘛。再说就为了一只虾，也太计较了。

尤　游 那天我就有点不爽，后来忍住了，心想也许是偶然的行为。没想到，今天他变本加厉，我要是再不出来，以后他还不知道要怎么样呢。

丁一行 这个人也太小气了。

尤　游 不是小气，他是在做规矩。他在告诉大家："我的利益是不可侵犯的，今后你们谁都别想占到我的便宜。"

李进步 可惜他为了这点小数字斤斤计较，要是肯把心思用在学术上，现在可能就是大家了。

（第二天）

丁一行 你们有所不知，那位中学老师还是蛮可怜的。

李进步 怎么可怜啦？

丁一行 他老婆患精神抑郁症很多年了，他每天都要面对行为乖张、生活不能自理的女人，他的精神一直处在严重的压抑状态，有时控制不住难免崩溃。

李进步 你是怎么知道的？

丁一行 他去向管家道歉，说自己失态了，请代为转告，请求厨师和管家们的原谅。

李进步 是蛮可怜的。

尤　游 他难过、不舒畅，尽可以通过其他方式去排遣，而不是将戾气传导给大家，给原本和谐、清亮的幸福养老院蒙上一层灰霾。因此，我可以可怜他，但不原谅他。

脾气不小

平等

丁一行 看来要管理和经营好一所养老院真的很不容易，形形色色的人，各种各样的需求，稍稍照顾不到就容易产生矛盾。

李进步　养老院就是一个小社会，这里住着不同阶层的老人。有富裕者和相对贫困者，有前官员和终身平民，有高级知识分子和低学历者，有被服务者和服务者，有管理者和被管理者，各种关系很难协调。

尤　游　不同身份的人同处一个不大的空间，要想和谐相处，唯一的调和剂就是“平等”。平等对待同住人，哪怕你是曾经的高官；平等对待护工，哪怕你是付了养老金来住养的老人；平等对待职工，哪怕你是养老院的拥有者。

丁一行　还有最重要的，平等对待有着和你不同观点的人。平等的氛围宛如春天满园的鲜花美不胜收。

没兴趣

尤　游　老丁，你不玩智能手机，也不上网，网上信息量要比你捧着的那几张报纸多太多了。

丁一行　没兴趣。

尤　游　现在是信息化时代、电子化时代，网上购物、手机付款多方便。

丁一行　没兴趣。

李进步　你什么时候想孩子了，打开视频就见着了。

丁一行　更没兴趣。

尤　游　为什么？

丁一行　我要是用视频，就少了见到孩子的期盼感，孩子也少了离别感。我不用视频，孩子们就会常常跑来看我，我可以拉着女儿的手感受到她手心的温暖。我可以摸着外孙女的头嘘长问短，这些感受视频能给我吗？

各玩各的

避免遭遇

丁一行　瞿医生的儿子快不行了。

尤　游　怎么啦?

丁一行　刚查出来是肝癌晚期。一知道情况，他儿子的精神和身体一下子就垮掉了。

李进步　那怎么办?

丁一行　瞿医生急得不得了，但也没有辙。他是医生，知道问题的严重性。

李进步　哎，白发人将送黑发人，对老人来说这是最最悲惨的。

尤　游　我心中时常会跳出这个问题来。我宁愿自己早些走掉，这样也就可以避免孩子走在我前面的这种境况发生了。

丁一行　人生本无常。由不得你“宁愿”。

情感

丁一行　崔老是幸福养老院第一批入住的老人，去年他走的时候，身边的护工个个伤心得不得了。

李进步　最早的几位护工照顾崔老将近十年，她们也从青年成了中年。他们之间的感情超越了普通护工和老人的关系，她们真心把老人当成了自己的亲人。

丁一行　老人待她们也像自己的孩子，有什么好东西都想着留给她们，经常关怀着她们，时间长了就像一家人一样。

李进步 崔老最后的这几年，儿孙很少来关心他。

尤　游 所以说情感并不一定都在血缘里。

懂得

李进步 外国士兵进入我国边界，光抗议是没有用，依我看只有狠狠地打。

尤　游 最好不要打，打仗是要死人的。

李进步 怕死还当兵？

尤　游 你不怕死？

李进步 当兵不就是为了保家卫国吗？

尤　游 你没上过战场对吗？你以为打仗像拍电影一样好玩？

李进步 那也不能眼看着别人在我们的土地上耀武扬威。

尤　游 如果是你的孩子在部队，你还希望打仗吗？死别人家的孩子你不心疼是吗？我真想狠狠地揍你一顿。

李进步 你发什么火，这……

丁一行 好啦好啦，别吵啦。前线还没有打起来，你们倒要先动手了。

尤　游 我最恨那些整天鼓吹要打仗的人，我们这才过了几天太平日子啊？打仗就是“摧毁”知道吗？摧毁家园，摧毁生命，摧毁和平生活。你们难道愿意过那种被“摧毁”的日子？

李进步　如果别人要“摧毁”我们，我们就只能束手就范？

尤　游　不愿意打仗，不是怕打仗。敌人胆敢进犯，那一定要给予有力的反击，保卫我们的祖国不受侵犯。我反对那些把战争说得轻飘飘，毫不负责地叫嚣“打”的人。

丁一行　受到过战争摧残的人最懂得战争。

立场

（丁一行兴冲冲地从外面进来）

丁一行　热闹了！

李进步　什么事？

丁一行　时事学习小组活动的时候吵得不可开交。

李进步　为什么事情？

丁一行　还不是为了A国和B国冲突的战事。一方认为B国有错，另一方认为A国无理，双方争得可热闹了。

李进步　怎么个热闹？

丁一行　具体争论什么我就不说了。支持A方打头的是大胡子老麦。

尤　游　这家伙脾气暴躁。

丁一行　B方领军的是縻老师。

李进步　此人最阴阳怪气了。

丁一行　两方互不相让，劝都劝不开。

李进步　谁赢了？

丁一行　难分难解，不相上下。老麦气得把茶杯都摔了，幸好没有砸到人。

李进步　这两个人本来就搞不到一起去，这下算是找到机会了。

尤　游　最后的结果呢？

丁一行　还是朱医生发现情况不对，他看到老麦满脸通红，眼睛里充满血丝；縻老师脸色惨白，嘴唇在哆嗦，估计再吵下去就要发生问题了，连忙大喊起来："血压、血压，当心你们的血压。都不要命啦！"

尤　游　还劝不住？

丁一行　双方都意识到再争下去后果的严重性。老麦赶紧吃了一粒保心丸，想给縻老师一粒，被縻老师拒绝。縻老师从B方的老人那里要来一粒药丸服下。双方都气呼呼地不理不睬了。

尤　游　打仗总是不对的，A国侵略别国更没有道理。

李进步　要不是B国步步逼近，A国也是被逼得没有办法才打的呀。

丁一行　是不是你们的血压不会升高啊！

尤　游　你老丁支持谁的观点？

李进步　对。你支持谁嘛？

丁一行　国家支持谁，我就支持谁。

较劲

【拾壹月】

无忧

尤　游　对于老人来说什么是快乐？

李进步　健康、长寿，有一定的经济基础。

丁一行　子女孝顺、孙辈聪慧、家庭和睦。

尤　游　我说“无忧”二字就可以概括全部。

李进步　说说看。

尤　游　没有疾病的担忧，没有家产成为争夺焦点的担忧，没有子女堕落为红色通缉对象的担忧，没有生活中各种纷扰的担忧……无担忧就快乐。其实我们三个人在一起聊聊天，调侃调侃就是很快乐的事情。

李进步　我总算从你的嘴里听到我想听到的话了。

摇篮曲

关爱

尤　游　幸福是一种感觉，能被人关爱是最大的幸福。

丁一行　我同意。郑阿姨的老伴在家就爱睡觉，不爱交际的郑阿姨怕他的身体机能过快衰退，就每天带着他四处溜达，找人聊天。这就是关爱。

尤　游　老吴唯一的爱好就是看电视连续剧，可是他家的电视机永远“坏”了，总也修不好。因为老伴太迷恋看电视，吴先生怕她看多了影响身体，就故意把电视机弄得不能看，自己也放弃了看电视。这是关爱。

丁一行　管家每天都会到独居老人的房间里去巡查，关心他们的生活状况，解决各种问题，这是关爱。

尤　游　每年过生日，连我自己都记不得了，我的孩子也很少放在心上，可一到这天管家就会送上一张卡片和祝福。

这是关爱。

丁一行 幸福养老院里关爱的故事很多，只要用心去体会，我们就会得到很多爱的感受。

李进步 我没有老伴，孩子也不在身边，但我一直得到你们的关心和照顾，这也是关爱。

尤　游 我也总算从你的嘴里听到我想听的话了。

憋坏了

李进步 我终于看到老查笑了。没想到他那么健谈、爽朗，像完全变了一个人。

尤　游 听说院里来了一位他的老乡？

李进步 大东北老乡。老查是黑龙江人，新来的这位是辽宁人。

丁一行 老查的儿子在我们上海发展，去年老伴去世了，儿子就让他住进幸福养老院。父子在同一个城市，方便照顾。

李进步 刚才他们聊天，我也在旁边。老查告诉他的老乡，来上海这几个月都快把他给憋坏了。心里不舒服，又不便告诉孩子，怕他们操心。他不习惯上海的天气，潮湿闷热；不喜欢上海的饮食，淡而无味；看不透上海人，彬彬有礼；最让他烦恼的是听不懂上海话，嗲声嗲气。

丁一行　这也难怪，他同屋的老戴一丁点普通话也不会讲，一口地道的苏州话，老查和他无法交流，也就把自己给封闭起来了。

李进步　老查把苏州话也当成上海话了。

尤　游　都是吴语系的方言，北方人一般分不太清楚的。

李进步　老查要请东北老乡去街上吃饺子。他说那里有一家东北饺子馆，饺子还过得去，粉条炖猪肉可比老家差太远了。还说到时候邀请我们333室的几位哥们一起去喝酒。

丁一行　老查幸亏遇上了老乡，否则要花更多时间才能适应新的生活。

尤　游　人的个性经常会被所处的环境所压抑，但这是带有表面性和暂时性的，一旦遇到适合的土壤和空气，它就会像破土的种子一样急着长大。

派头

李进步　季老失忆了，也失去了大学副校长、著名教授的派头。

丁一行　你认为季老应该是什么派头？

李进步　有什么样的身份就会有什么样的派头。

尤　游　有些人本身没派头也要装派头。有些人不装派头也会有派头。装派头的人骨子里就没派头。有派头的人从骨子里透出派头。

李进步 好一个顺口溜。虽说人与人会有个性上的差异，但是一般多少总会透露出他的职业和地位的特征。

丁一行 不一定。我听季太太说，有次学校一位从外单位新调来的总务处干部把季老当成了本部门的职员去差遣。你们想他能有多大的派头？

尤　游 也许这就是季老超凡脱俗的派头。

高贵的帽子

造鬼

丁一行　老尤，你弄那么大个南瓜来干嘛？

尤　游　明天万圣节，雕个鬼脸玩玩。

李进步　一有西方的节日你就蠢蠢欲动，迷恋资产阶级的生活方式，你的思想真成问题。

丁一行　老李你就不要上纲上线了吧。

李进步　没有啊。他把好好的一个南瓜弄得乱七八糟总不对吧？

尤　游　我真见到鬼了。既然你上纲上线，那我就来个下纲下线。我造一个西方的怨鬼在此示众、批斗。削它皮，挖它心，剜它眼，撕它耳，敲它牙，切碎，煮烂，倒掉。从此天下清明。

挂念

丁一行　刚刚接到一个电话。真没想到，他还记得我。

李进步　什么人？

丁一行　1964 年，我读大学时到农村参加社教运动。他是另一个学校的学生，我们在同一个宿舍住了一个多月。他要是不打电话过来，我早就记不起他了。

李进步　找到你要费不少功夫吧？

丁一行　就是嘛，费了不少周折。

李进步　他找你有事吗？

丁一行　什么事也没有，就是想向我问个好，告诉我他没有忘记我。真让我好感动。

李进步　有的人，他想着你，你心里却没有他；有的人，你挂念着他，他的心里却没有你。

尤　游　有的人，双方都思念和牵挂彼此，远远地相望，就是没有首先踏出那一步的勇气。

兄弟还在

结局

尤　游　会所鱼缸里那条最漂亮的金鱼死了。尸体漂浮在水面上，样子很难看。

李进步　不是病死就是老死。

丁一行　是吗？太可惜了。

尤　游　那些活着的鱼会怎样看待这件事？悲伤、唏嘘或是暗自庆幸少了一个竞争对手？

丁一行　我看，它们更多是从它身上看到了自己将来的结局。

李进步　不就死了一条鱼吗，怎么弄得像林黛玉一样。

味道

李进步　这家饭馆打招牌说是“妈妈的味道”，这红烧肉比我母亲做的差太远了。

丁一行　老了，吃什么都没味，小时候对味觉的美妙记忆现在再也找不着了。

李进步　所谓“妈妈的味道”也许是对儿时的怀念和对亲人的思念。

尤　游　你们坚持吃一个月的素食再开斋，到时不要说妈妈的味道，就连奶奶的味道都能找回来。

作

丁一行　有一位老太太，出生富裕人家，年轻时与丈夫离婚，独自把一儿一女抚养成人。老了，仍然出手阔绰，手里存不住钱，没钱了就向子女要。家里请保姆，一年换好几个，在当地出了名，谁也不愿到她家干活。子女实在过不下去了，狠一狠心硬是把她送进了养老院。到了养老院，她对身边的人和事又是左一个不满意、右一个看不惯，与邻里关系搞得很紧张，弄得院方不知如何是好。

李进步　我知道你说的是曾老太。听说她是非开水不碰。洗脸、刷牙、洗澡，都要把开水放凉了再用，洗干净的衣服也要用开水烫过，讲究得很呢。

丁一行　她要孩子给她置办墓地，女儿知道她妈妈的脾性，就带着她到处看，最后她总算看中了一处，签了合同、交了定金。

尤　游　挺好啊。

丁一行　好什么？过了几天又要女儿去退掉，因为她听人说买贵了。女儿被她逼得没有办法，只好再去觅新的地方。找了好几处，她都不满意，不是嫌人家风水不好，就是交通不方便。

李进步 人都死了，还要考虑交通问题。

丁一行 反正她是一百个不满意。

李进步 那就别买了。

丁一行 买。又回到原先签合同、付定金的老地方。

尤　游 蛮好。

丁一行 好？就这么转了一圈，价格硬是涨了百分之十。都说上海小姑娘“作”，就没见过这么“作”的上海老太太。

尤　游 老太太也是从小姑娘变过来的嘛。

李进步 那该怎么办呢？

尤　游 还能怎么办？随她“作”去。等哪一天“作”完，就不“作”了。

王阿姨

丁一行 王阿姨走了，我们都去殡仪馆送她，去向她告别的人很多。97岁高龄，走得很安详。她的孩子专程从国外赶来为她送行，感情真挚，很让人感动。

李进步 王阿姨没有结过婚，没有自己的孩子。这个孩子是她一手带大的东家的儿子。她在他们家做了一辈子保姆，就连第三代她都带过一些日子。那家的儿子说，王阿姨视他如己出，把一生都贡献给了他们的家庭。特别是在非常的政治时期，他们父母都受到了迫害，是王阿姨不怕被连累，将他带到乡下自己父母的家中避难。这种感情是他永生不能忘记的。他看待阿姨就像看待自己的妈妈！

尤　游　王阿姨性格很好，人很安静，说起话来轻声轻气的。她管其他的老人都叫同志，李同志、赵同志，听起来有久违的感觉。

丁一行　王阿姨年纪大了，东家的孩子就把她送进幸福养老院安享晚年。起先他要给她安排住套间，王阿姨坚持不让，最后只好按照她的意愿住进了小单间。她在屋子里设了佛龛，每日念佛吃斋。

李进步　王阿姨人非常勤快，喜欢帮着做事。看勤杂工阿姨在忙，她会凑上去帮忙擦擦桌子、扫扫地的。大家都很喜欢她。

尤　游　王阿姨是过去时代的保姆，那时保姆和东家建立这种亲密关系的很多。现在这样的保姆很难再遇到。你们想过为什么吗？

李进步　时代在进步，人性在弱化。我们自己都已不再是过去的自己了，还有什么奢望要求别人。

丁一行　王阿姨的东家也是那个时代的东家，如此懂得感恩的东家现在也很难遇见吧。

尤　游　所以说，王阿姨贵在忠诚和尽心，有了忠诚和尽心也就得到了信任；东家贵在信任和亲识，有了信任和亲识也就能够获取忠诚。

丁一行　王阿姨的孩子说，当年阿姨掌管着他家抽屉的钥匙和每月的餐费。在困难时期，她总是变着法子努力改善家庭的伙食。阿姨特别善良，而且精明能干。

李进步　我可不会把家里的一切都交给保姆去打理。

丁一行　也许我还要悄悄地在家中安装摄像头，以便在家里没有人的时候可以监视她的一举一动。

尤　游　至少我要记下保姆的身份证地址，了解清楚她的情况才敢试用她。

李进步　我会关照孩子，明白我们和她之间是主雇关系，家里的秘密不可随便对她去说。

丁一行　当然，我也会向她施舍一点小恩小惠，比如把老婆不再穿用的衣裤、拎包或买东西赠来试用的香水送给她。

尤　游　所以，我们都别想再找到一位令人放心的、忠诚的保姆！

丁一行　我在想，与某些所谓受过良好教育、又有财势地位的女人比起来，王阿姨更加受人尊敬。

相处方式

李进步　老郝蛮可怜的，那么用心地服侍老婆，还要被她随意辱骂，真有点看不下去。

丁一行　老郝当年在单位可是业务尖子，领导和同事都围着他转，几千号人的龙头企业就是靠他的专业成果发展壮大起来的。

尤　游　不简单，有的人就是有这个能力。

丁一行　可在家里，老郝就是一个出气的包子。太太想骂就骂，想嘲就嘲，他只会嘿嘿地赔笑脸。我奇怪了，老郝就不会反击一下，看她以后还敢不敢再放肆。

李进步　我看他老婆年轻时也没多少姿色，可老郝就是服帖她，没有办法。

尤　游　你们连这么简单的道理都不懂，还敢说自己是过来的人。老郝爱他太太，他太太也爱老郝。女人严管男人是害怕失去他；男人迁就女人是不想伤害她。他们夫妻的这种相处方式你们看着不舒服，我看老郝还很受用的。假如有一天他们举案齐眉、相敬如宾，还不知道会有多别扭呢。

李进步　反正让人看不懂。

“罪行”

李进步　你们有没有注意到，在我们养老院里，好像妻子都要比丈夫厉害些。

丁一行　我太太就不厉害，可惜她走得太早。

李进步　我妻子也很温顺，她也先于我走了。

尤　游　温柔的都先走了，留下的都是厉害的，你们说的是这个意思吗?

李进步　你别多心，我没见过你老婆，不知道她是什么个性。

尤　游　她已经是别人的人了。不过她一点也不厉害。不提她。

李进步　好吧，话说回来，二号楼的迟老太太在家就是"拿摩温"，对老章动辄恶语相向，老先生被她骂了一辈子。

丁一行　老章对她可是尽心伺候，老太太每天早上五点要准时吃早饭，她还不吃食堂买来的饭，因此老章四点钟必须起床，磨豆浆、煮稀饭。

李进步　就这样，他老婆还是一百个不满意，说老章是三不像。

尤　游　哪三不像?

李进步　不像父亲、不像丈夫、不像爷爷。

尤　游　这也太过分了。

丁一行　老章背地里说他老婆是三像。

尤　游　哪三像?

丁一行　像慈禧、像东施、像妙玉。

尤　游　为什么像妙玉?

丁一行　他老婆有洁癖。

李进步　不过迟老太太还是很注意分寸的，她有三个不骂：不在领导面前骂老公，不在后辈面前骂老公，不在女人面前骂老公。

尤　游　不在女人面前骂老公这点最重要。

李进步　迟老太太曾经贴过老章一张“大字报”。

尤　游　那个年代见怪不怪。

李进步　在大字报中，迟老太太历数了老章犯下的种种罪行。

尤　游　这个问题严重了。

丁一行　那年，单位造反派要迟老太太揭发丈夫的问题，老太太坚决不肯，却在背地里给丈夫写了一张大字报——其实是写给丈夫的一封情书。她列举的所谓罪行，都是老章多年来对她的付出和关怀。例如：过去他们每周要看一次电影，她就说老章每周要带小情人去电影院；老章每月带她上一次饭馆，她就说老章每月都“逼”她去馆子享受腐朽、糜烂的资产阶级生活；家中大小家务老章全包，她就说，老章这是在有意培养寄生虫等等。

尤　游　有意思。

李进步　迟老太太把大字报，其实是小字报放在他们睡觉的枕头底下，他们约定无论将来发生什么变故，这张大字报永远在那里。

尤　游　那是他俩永远不变的心。这“罪行”比花前月下的海誓山盟更加弥足珍贵。

伤心

丁一行　我的一位朋友自杀了。

李进步　为什么？

丁一行　养了三个孩子都对他不好。

尤　游　可怜。

丁一行　他太太前些年死了，他独居一处，身体很不好，孩子们也不来管他。

尤　游　把房子卖了，找一家好一点的养老院，自己生活。

丁一行　他的孩子都想快点分到钱，早就逼着他把房子卖掉了。他不想住养老院，就在外面租了一间小房子。他手里攥着钱，想着今后哪个孩子待他好，就把钱多分给这个孩子，没想到不管用。

李进步　依我看，主要是他把钱攥得太紧了。适时、适当地放出一些来，就不会这样了。

丁一行　现在的孩子个个是鬼精灵，都在想，现在多为老爸付出了，将来还不一样得财产平分嘛。

李进步　他的孩子没想错，现在可以如愿了。

丁一行　如不了愿。

尤　游　怎么？

丁一行　老先生把他全部的钱都从银行里取出来，拍照后微信发给三个孩子。

李进步　他这是要干什么？

丁一行　拍完照片，他将全部400多万用碎纸机打得粉碎。

李进步　这至于吗？太可惜了。

丁一行　他临死前给孩子们留了一张字条，上面写着："这些是我的全部，你们能为我把它们拼回来吗？"

尤　游　失去的亲情是拼不回来的。他这是伤心到极点了。

敏感

李进步　损毁人民币属于犯罪行为。

尤　游　你身上的某种嗅觉怎么就那么灵敏？在这件事情上也能立马抓到重点。

丁一行　当时我朋友想不到那么多了，只有一个念头就是毁掉自己的财产，不留给那些孽子哪怕一分一厘。

李进步　我没有别的意思。我只是觉得他的这种方法不可取，他可以把钱捐给需要钱的人嘛。

尤　游　这个不需要别人来为他安排。我认为这样做，是他表达意志的最好方式。

举荐

丁一行　养老院要评选年度最佳管家，让我们每幢楼提名一位候选人。你们考虑一下选谁，我好报上去。

李进步　依我看，管我们楼的这几位管家都不错，其中小龚最突出：工作勤奋努力，对老人的态度也好。

丁一行　我也选她。老尤呢?

尤　游　这次全院有几个“最佳”?

丁一行　整个管家部只有一个名额。

尤　游　那么多的楼只推选一位，这样的结果只会是每幢楼都推举自己的管家。名单到了上面，上面就会根据“需要”去选定“最佳”。到头来还不是像以往一样“皇帝轮流做，今年到我家”。这种评先进的方式没有多大的意义。

李进步　评先进本来就是一种形式，你也不要太认真了嘛。

丁一行　就是。我们按照院里的要求报上去就是了。

尤　游　评先进的目的是什么?还不是为了提携和勉励先进，告诫和激励后进，让今后的工作更好地开展嘛。如此这般的举荐能达到目的吗?

李进步　好啦。别废话。老丁你就写上我们333室选小龚管家。

尤　游　我不同意。别写上我的名字。

李进步　你这个老尤真没有良心。去年半夜你肚子痛，是小龚陪你去医院挂急诊，上上下下忙乎，一直陪夜到第二天回来。你还直夸她的好。怎么现在就翻脸不认人了呢。

尤　游　我们养老院有很多像小龚一样优秀的管家。你如何从他们中间选出一个“最佳”？如果把他们都评为了“最佳”，那么我们又怎么来理解这个“最——佳”！

丁一行　正像你之前所说的：这是“程序”。“程序”你懂吗？

尤　游　照我说，幸福养老院就不应该有这种“程序”。

李进步　你不要拎不清啊，这种不该管的事情里面没有属于你的“程——序”！

不当心

丁一行　老李，你拿老尤的脏衣服干吗？

李进步　洗衣机容量大，我的衣服少，顺带洗掉。你有要洗的吗？

丁一行　没有。

（过一会儿尤游回来）

尤　游　谁看见我的衣服了？

丁一行　老李帮你洗掉了。

尤　游　老李，谢谢啦。

李进步　你的衣服混在我的衣服里，一个不当心就洗掉了。

尤　游　呵呵呵。

（过后，衣服干了，尤游叠好）

李进步　老尤，你替我把衣服叠好啦，辛苦啦。

尤　游　我一个不当心就给叠掉了。

李进步　哈哈哈。

琴

丁一行　林老师也走了，离他妻子逝世还不到一年。

尤　游　夫妻档音乐家。妻子弹钢琴，先生拉小提琴。

李进步　以前他们每天都在一起练琴，琴瑟和谐。

丁一行　他妻子走的这一年里，林老师就再也没有拉过琴。

李进步　经常看见他一个人坐在打开盖的钢琴前发呆。

丁一行　有一次他拨弄小提琴时竟嫌其音色太差，把琴给摔了。

尤　游　他那么急着走，我想是他妻子在那里为他准备了一把好琴。愿他们能再次相逢，从天际送来曼妙之音。

不要假牙

李进步　装了一个假牙花了我 800 块钱。

丁一行　不贵。

李进步　中档偏下，好的要 2800 还多呢。

丁一行　一样装为什么不装一个好点的呢。

李进步　最差的保用五年；最好的保用二十年。算了算我大约的生存年限，中档偏下的与我正合适。

丁一行　换个牙也要这么算，不愧为会计师。

尤　游　老李没错，省下来的钱可以给孩子。假牙他们不要。

我不合算

健身

丁一行　刚退休的时候，为了锻炼身体，心血来潮，去办了一张健身卡，结果没去几次就不去了。

尤　游　健身还是要根据自己的身体情况，不是每个人都适合做有氧运动的。

李进步　我们健身，在消耗掉体内多余能量的同时也在消耗自然资源和钱财。干体力活的人在为社会和自身创造财富的同时，又自然而然地达到了健身的目的。

丁一行　健身是适度、有效控制体能消耗；干重体力活是被动和过度地消耗体能。二者不可同日而语。

尤　游　干体力活的人消耗体能是为了能够有口饭吃；健身的人消耗体能是为了能够多吃一口饭。二者的确不可同日而语。

路途

专业

尤　游　老李，你每天像上下班一样做股票，是赚还是亏？

李进步　没大赚也没大亏。

丁一行　没亏没赚白忙活。

尤　游　没赚就是亏，亏的是时间和精力。

李进步　不能这么说。我赚的是买进卖出过程中的心里期待。

尤　游　赌徒心理。

李进步　和钱打了一辈子交道，不玩它我还能玩什么？

烹小鲜如治大国

明白人

尤　游　你们知道在我们养老院，研究“人”最透彻的是谁吗？

李进步　忻老，心理学教授。专门研究人的心理现象和精神功能。

丁一行　老言，作家。塑造人物，剖析灵魂。

尤　游　要我说是倪医生，医学院解剖实验室主任。把人从里到外，从构造到元件研究个透。

丁一行　你说的是“生物人”，我们说的是“社会人”，二者不是一个概念。

尤　游　不论是富人还是穷人、聪明人还是愚笨人、上层人还是下层人、男人还是女人，本质上都是生物性的。只有把人的自然属性研究透彻，才能真正了解人。

丁一行　我不太同意你的观点。

李进步　我也是。不过看倪医生他整天无忧无虑乐呵呵的样子，一点也看不出是干这个的。

丁一行　对人还特别礼貌、和善。

尤　游　所以说，能把死看明白的人，一定把生也看明白了。

先兆

尤　游　（对丁一行）今天你女儿来看你，你好像有点心事重重?

李进步　我也看出来了。没什么事情吧?

丁一行　没有事。我女儿她老公的官职又升了。

李进步　那好啊。恭喜了。

尤　游　升官不是该高兴嘛，你发什么愁啊?

丁一行　讲不出来。反正这一段时间我女儿有种不好的预兆。

李进步　你女婿在外面有花头了?

尤　游　年少得志，他面前的诱惑一定不会少。不过你们也不要疑神疑鬼的。

丁一行　女人的第六感觉是很厉害的，这点我有经验。

尤　游　男人抵御诱惑的能力是很弱的，你一定也有不少经验，否则你不会因为刚有一点点小感觉就开始担心的。

丁一行　如果真的发生了不愿意看到的事情，你们帮我女儿想想该怎么办？

李进步　反正不能吵，不要闹，那样很快就会把她老公推向敌人。

尤　游　这点我同意。社会上有很多这样的例子。

李进步　不动声色，收集证据，包括经济上的证据，关键时候向他摊牌，逼他就范。当官的最怕生出绯闻，影响到仕途。

尤　游　依我看，要以情动人。一如既往安排好家庭生活，给他更多的关怀，要利用他对孩子的感情慢慢来感化他。男人有外遇往往是一时的激情罢了，待温度降下来，他会回心转意的。否则，即使就范了，今后的感情生活也会因此受到极大的伤害。

丁一行　嗨，管不了那么多了。我只担心万一父母离婚了，我的外孙女怎么办。

尤　游　这会儿发什么愁呢？不是预兆吗，又没有证实。

李进步　要我看，预兆就是先兆。难逃掉。

裸钓

李进步　阎老先生最近经常在水塘边钓鱼，一坐就是大半天，从没见他钓起什么来。

丁一行　我发现他根本就没用鱼饵，也没安鱼镖。

李进步　不会吧。那他钓什么？

丁一行　我估摸钓鱼是幌子，他更愿意在水塘边闲坐。

李进步　那也不用姜太公了吧，他完全可以拿本书、泡杯茶坐着发愣就是了。

尤　游　你们怎么知道他没在钓东西？世界上有些事情非我辈能够想明白的。

水中无鱼岸上钓

癖好

丁一行　钓鱼不用鱼饵，是阎老先生的癖好。幸福养老院有各种癖好的人还不少，我们来凑凑看怎么样？

李进步　好。文先生吃饭有自己固定的位置，在饭厅西北角最靠墙的那张桌子。一般人都知道那里是文先生每天的座位，没人会去占。偶尔也有不知情的把位子占了，文先生也不着急。他就把打好的饭菜放在一边，自己到外面走一圈，估摸那人吃得差不多了，他才回来。遇到天冷饭菜凉了，他就会把饭菜放到微波炉里热一下。他是非自己的位子不吃饭。这算是一癖好吧。

丁一行 你说的这位是“行为固定式”。我来说一位“行为不定式”的。据说景书记年轻时就喜欢搬移家里的家具。他家里就那么几件破家具，被他搬来搬去摆放。每搬一次他都很满意，沉浸在住“新家”的欢愉中。可用不了多久他脑子里生出了新的摆放方案，他就再搬。对此，家人不胜其烦，而他却乐此不疲。

尤　游 进了养老院就搬不了了。

丁一行 家具是搬不了了，他就搬书。在他的房间里有从家里带来的几只大书柜，里面立满了他喜欢的书，隔三岔五要被他折腾一下。他有时把书作各种分类进行摆放，有时按照书的大小形状安排，有时又按照书脊的色彩排放。每当做完这些，他就会坐在书柜前，看着自己的劳动成果，满足和喜悦的心情溢于言表。这也可算是一癖好。

尤　游 他的这个癖好要是用在单位的人事上可就麻烦了！

李进步 老马的生活习性就像猫头鹰，习惯白天在家睡觉，晚上出来活动。刚开始保安从监控视频里发现，大半夜里怎么有一个人的身影在院子里晃荡，以为有事，就出来看。老马说他是在跑步。保安怕他一个人在外面会出事就劝他回家。他不听，保安没有办法，只好每天陪着他在黑夜里跑步。现在也是见怪不怪了。

丁一行 我这里有一个最最奇怪的人——翁老先生。他是绝对不吃外来食品。不喝洋酒，不抽外烟，不吃西餐，不尝进口水果。

尤　游 民粹主义者。

丁一行 不是他不愿意吃，而是不能吃。只要吃了就会立刻反胃或者反复拉肚子，必须去医院吊打上一袋国产的盐水才能治好。

李进步 排斥西方的东西。

丁一行 这倒也不是。他戴外国名表，穿外国品牌服装，乘坐外国航班飞机都没事，就是肠胃容不下外国货。

尤　游 人家是“中国心”，他是“中国胃”。

丁一行 我说他的癖好最怪，是因为其他人的癖好，大多是建立在精神和心理上的。而我们这位翁老先生的癖好却发生在生理上，而且是不可抑制的。

李进步 老华喜欢和人一起拍照片。

丁一行 喜欢和女人合影。

李进步 喜欢和漂亮的女人合影。

丁一行 尤其喜欢和年轻漂亮的女人合影。

李进步 幸福养老院的管家、护工、专员，只要是有点姿色的女孩子，不管人家愿意还是不愿意，他都要拉上人家合上一张影。然后把照片发到朋友圈里炫耀。

丁一行　照片上的老华容光焕发、神情矍铄，一点也看不出已经是80出头的老头了。

尤　游　“窈窕淑女，君子好逑”，这很好呀。说明老华的心态很年轻，没有毛病。其实“癖好”是病态的喜好。上面提到的各位的表现都不能算癖好，只能是“爱好”。我看在这幸福养老院里，真正有癖好的就是我们三位：有事没事凑在一块儿瞎聊。

折腾

丁一行　有一位女士比景书记还爱折腾。

尤　游　哪位？

丁一行　走了，搬去其他养老院住了。

尤　游　她怎么个爱折腾法？

丁一行　爱搬家。

李进步　是不是那位打扮的时髦说话嗲声嗲气的女人？

丁一行　对。她姓蔺。这位蔺女士从五年前第一次选住养老院，到今年初她搬离幸福养老院，听她自己说的，至少住过5家养老院。平均不到一年就要换一家。

尤　游　为什么？

丁一行　她总是不满意嘛。这家价格有点贵，不合算，换一家性价比高的；住不久感觉交通不方便，换一家；又发现伙食不行，换一家；再抱怨管理、服务不到位，再换。每搬到一家新的养老院不久，就会对那里的某一方面表示出不满，然后用这一点来对比之前住过的养老院，以甲家养老院的优势来比较乙家养老院的劣势，于是整个否定乙家养老院。

李进步 各家养老院都有所长、有所短。她这么挑剔，永远也别想找到满意的养老院。

丁一行 可不是嘛，听说她最近又搬到外地的一家养老院去了。

尤　游 我看挺好的。她这么爱搬家说明她的精力还旺盛，并且喜欢追求新的生活环境，结交新的朋友。比我们这些从一而终，在一个地方等死的老家伙好得多。我要是能够像她那样，我就会把多年来住不同养老院的亲身感受写一篇调查论文，或许对社会还会有一点价值的。

李进步 你还嫌折腾得不够啊。

放下

丁一行 前几天那位写诗的作家也搬走了。

李进步 不喜欢幸福养老院？

丁一行　喜欢，要不也写不出那么多激情洋溢的诗歌来赞颂我们的养老院。

李进步　那他为了什么？

丁一行　他不喜欢一个人。

李进步　谁？

丁一行　就是新搬来不久的那位出版社编辑部主任。看来作家对主任的意见很大，作家说，他不想和他吃一口锅里煮出来的饭。我估计他们有过交恶的经历。

李进步　也不一定非要交恶，就是遇见极其讨厌的人，只要条件允许，我也会唯恐避之不及，一走了之，眼不见为净嘛。

尤　游　“人生处一世，去若朝露晞”。我们已经到了这把年纪，还有什么放不下的啊。

爱好

李进步　我们现在最富裕的是时间，最缺的也是时间。想做个事情，一算日子，晚了，什么事情也做不成了。

丁一行　俞老师六十多岁学钢琴。坚持十年，可熟练伴奏。王老师七十岁学摄影。努力十年，拿到全市大奖。

李进步　那是爱好，算不得事业。

尤　游　你的问题就是没有多少爱好。除了麻将和胡扯。

穷本事

李进步　马路反复被剖开又填上，是为了地下管道修理或升级；老师罚学生抄字一遍又一遍是学生没有达到学习要求；老丁重复看50多遍芭蕾，是因为当时没有其他节目好看。你老尤一块拼图板拆了拼，拼了拆又为了哪般？

尤　游　我拆的是时间，拼的是日子。

李进步　我们这些人最富裕。富的是时间，漫漫时光慢慢熬。

丁一行　对有的老人来说他的时间很“穷”，没有太多的功夫去挥霍，要做的事情还很多。

尤　游　这世界不公平。“富人”羡慕“穷人”的才华和成就；“穷人”嫉妒“富人”拥有那么丰厚的时间财产。

李进步　在这个问题上，我宁愿做个穷光蛋。

尤　游　废话。这“穷”也要有穷的本事。

境界

尤　游　原则上讲老言他不能算是一个真正的作家。

李进步　人家写过好几本有影响的书，还是市作家协会前副主席呢，怎么就不是作家了？

尤　游　那几本书是他年轻时的应时作品，出了名以后就基本没有发表过好作品。他把主要精力转到行政上了。

李进步　当官了。

丁一行　有点可惜，如果他坚持写作，用时髦的话讲叫初心不改，他也许会有更多的作品留给世人。

尤　游　那也不一定。一个人一旦有了地位和名望，往往就容易瞻前顾后，权衡得失。被名利捆住手脚，才能也就很难得以施展。

李进步　不过对于一个人来说，他的这种选择也不错。当高官的社会地位一般要比作家高，处处受到礼遇，经济待遇也好，找人办个事方便。人这样一辈子也算很成功了。

丁一行　对社会来讲并不算好：多一个官员，少了一个作家。

尤　游　有的人只是为现实活着，而有的人活着为了未来。

李进步　没有几个人愿意只为了未来活着。

尤　游　因此说“芸芸众生”嘛。境界，不是一般人能够达到的。

湮灭

尤　游　养老院的这些老人全都经历过各种各样的政治运动，

可我就从没听谁再提起过那几段经历。

李进步 在这里一定会有当时的革命者和被革命者，有得志者和失意者，还有地位和身份的转化者。

丁一行 不再提起不等于忘却。那是一场场没有胜利者的战斗，有的只是屈辱和无奈，还有悔悟和仇恨。有谁愿意再去炫耀？

尤　游 年轻时用幼稚和无知点燃的激情火焰随着生命的老去逐渐湮灭，尘封已久的故事匣子不再打开，最终会随着“大匣子”一起化为灰烬。

忌讳

尤　游 我们老人平日里谈得最多的是保健和养身，其实每个人私下里想得最多、也最忌讳谈的是死亡。

李进步 从你嘴里就不能有个好词？

尤　游 你想听好词？海外有把死叫作“往生”的，其实那还是害怕死。

李进步 你不怕，我怕。

尤　游 老了不愿死，那是精神不愿意去死，而此时，身体则很想尽快死去。生物机能衰朽，老旧运转不动，累了，它要停下来。可是精神对生还无比留恋，对死无比恐惧，于是它不断违逆着肉体的意志，企图继续留在这个世界里。挣扎带来了痛苦和创伤，以至于让人无法安详地走完生命的最后旅程。如果明白了这个道理，平静地面对死亡，那么我们在生命之火熄灭的那一瞬间一定会是很优雅、很恬静的。

丁一行　我年轻时特别怕死，现在好像不怎么害怕了。

李进步　我们能不能不谈这个话题！

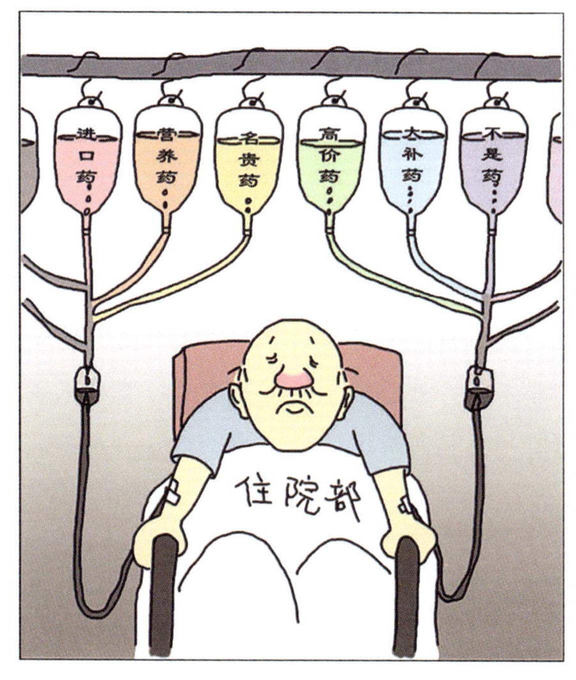

过度医疗

【拾贰月】

恶果

李进步　报载：有中国游客在德国行纳粹礼被德国警方拘留。

丁一行　可悲又可恨的脑残者竟把无知当有趣。

李进步　他们是真的不懂，还是世界观就是如此？

丁一行　这是教育缺失、娱乐至上、淡化历史所造成的恶果。

尤　游　是非不明、丑恶不分、不善思考、盲从跟风。别不信，总有一天相同历史还会重演。

自残

鲜切花

尤　游　大家都愿意把老年生活比作“夕阳”。

李进步　这个比喻很恰当，太阳就要落山了，一轮红日，无限美丽。

尤　游　最后的美丽，随之而来的就是漫漫黑夜。

丁一行　第二天又是一轮红日升起。

李进步　那时候已经是别人了。

尤　游　可还是那个太阳啊。要我说“夕阳”的比喻不恰当。

丁一行　你有更恰当的？

尤　游　在我看老年生活更像是“鲜切花”，无论插花大师如何造型、喷水和侍弄，那花的鲜艳和妖娆都是极其短暂的。花瓣、花叶用不了多久就会蔫掉、衰败，生命就此不复存在。

包容

丁一行　老李，吸烟有害健康，你最好戒掉。

李进步　吸了大半辈子，离不开了。

丁一行　喝酒对身体也没好处，老尤你也应该戒掉。

尤　游　喝了大半辈子，也离不开了。

丁一行　吸烟、喝酒真那么有意思？

尤　游　个中滋味非亲尝者不能悟。倘无此物，人生乃寡淡无趣也。

李进步　同理，同理。

丁一行　你们也算是找到共同语言了。老尤爱酒，个性偏辣；老李喜烟，做人太呛。俗话“烟酒不分家”，对抗又包容。也挺好。

烟酒不分家

还童

李进步　201 室和 202 室两家的老先生闹矛盾了。

丁一行　为了什么？

李进步　讲出来有点可笑，就因为201的老先生多看了202的老太太一眼，202的老先生吃醋了。

丁一行　哈哈哈。

尤　游　有意思。

李进步　202的老先生在那里干生气，201的老先生也在生闷气，弄得两家的老太太不知道如何是好。

尤　游　养老院老人闹矛盾，基本就是这些拿不上台面的鸡毛蒜皮事。

丁一行　其实大家心里都明白，权斗和利争已经属于过去式，体力和精力的日渐衰竭也让争吵不再激烈和尖锐。

尤　游　前方之路已见尽头，再争吵也争吵不回青春年华。现在我们如同孩提时的打闹，没有原因也没有结果，心智正逐渐回到童年，人也越来越单纯，越来越可爱。

李进步　返老还童。

貌似凶狠

做阿 Q

丁一行 老李，干嘛生这么大的气，谁惹到你啦？

李进步 刚才在超市不小心踩到一个小青年的脚，他张口就骂我老不死的，你们说气人不气人？

丁一行 这种没教养的，犯不着和他生气。

尤　游 他说得也没错。孔子曰：“老而不死是为贼。”

李进步 我靠退休金养自己，偷谁的啦？

丁一行 也许他骂他爹。他爹要靠他抚养，他又没有能力，有气想撒，看到你就想到他爹，于是气不打一处来。

李进步 你要是这样说我就不生气了。不过我要是有这样的儿子算倒八辈子霉了。

尤　游 老了，遇上不顺心的事情，做做阿 Q，顺气又养心。

君子岂可钻洞

可爱

尤　游　上个月，我坐地铁忘记戴口罩，入口检查处的工作人员拦住我不让进，我想向他们买一只，他们告诉我没有。正在为难的时候，一只包装完好的口罩被人塞到我的手里。还没有等我反应过来，一个女孩子的身影已从我旁边匆匆走过。等我安检完再想找她，她已经汇入了人流中。

李进步　很暖心的。

尤　游　我在想，这是个什么样的女孩呢？是大学生还是公司白领？或者就是邻家女孩。

丁一行　她一定受过很好的教育。

李进步　她一定很漂亮。

尤　游　那是一定的。美丽，而且可爱。

炫耀

李进步　你们看这个视频：这位在公园溜达的老头，痛骂自己缺德，还诅咒自己是个老不死的。

丁一行 为什么呀？

李进步 他对围观的游人说，他喊了一辈子打倒美帝，打倒日本帝国主义，到头来，儿子加入了美国国籍，当上美国人的孙子又娶了一个日本人做老婆。“他们都投靠了我们的敌人。”他说。如今他的腿瘸了，这是他们这家人缺德缺的，是老天对他的惩罚。人家问他还有其他什么病吗。他说什么病都没有，就是缺德让他的腿瘸了。一副痛心疾首的样子。

丁一行 这位老人还是很爱国的。

尤　游 爱国？你们看不出他是在表演吗。表面上义愤填膺的样子，这心底里还不知道有多滋润呢：“我儿子的一家都是美国人。我孙媳妇还是日本人哩。”

李进步 我看也是。

尤　游 来来来，我也给你们表演一个：“老先生，你那破麻袋里背的是什么东西，看把你累的。”“嗨，都是些没有用的百元大钞，要不是为了环保，我早就把它们扔了。”哈哈哈。

李进步 看我的：“现在的点钞机质量太差，我家一个上午就用坏了三台。”呵呵呵。

丁一行 还有我：“我和老婆两个人住这么大的别墅真的没有意思，每天就使用那么几间，几十个房间都空关着，只是便宜了那些管家和菲佣。还有那么大的室内游泳池，我又不喜欢游泳，好在还可以养上几百条日本珍稀锦鲤。”嘻嘻嘻。

尤　游　黑色幽默！

文物

（尤游满脸高兴的样子从门外进来）

李进步　干什么呢？这么得意。

尤　游　刚才遇见季太太，聊了一会儿。

李进步　哪位季太太？

尤　游　就是那位著名的大学副校长季老先生的夫人。

李进步　季副校长不是失忆了嘛。

尤　游　他的太太可没有失忆。

李进步　那是。

丁一行　你们都聊了些什么呀？

尤　游　季太太很生气的样子，拉住我，让我给她出出主意。

丁一行　什么事情惹她生气？

尤　游　她的朋友发现季老先生在年轻时写的一份交代材料，不知道被什么人给贴到网站上去了，就告诉了她。

丁一行　哟，这事可不简单，得查查。

尤　游　怎么查？

李进步　去学校的档案馆查，看看是什么人给弄出去的。

尤　游　我看了，这是一份写满8页纸的交代材料，被挂在一个专卖文物的网站上售卖。季太太说没错，是她家老先生的笔迹。

丁一行　文物网站?

尤　游　你们听着:“品相9等。史料真实，墨迹清晰，叙述清楚。商品描述:记录诸如某某之子、某某之女等高干子弟高考录取的真实过程。记述者:某某大学副校长。数量:仅1件在售，欲购从速。”

李进步　卖钱?卖多少钱?

尤　游　售价5000元。

李进步　哇。这么贵啊!

丁一行　哈哈。交代材料成文物了，这事听着新鲜。

李进步　恶劣。把人家的隐私拿到网上去卖钱，这事一定要查清楚。

尤　游　季太太先前专门找了几位朋友商量此事，他们也都是这个意见。

丁一行　你的意见是?

尤　游　依我看不可取。

李进步　你有更好的主意?

尤　游　我没有主意。

李进步　没主意，刚才你得意什么。

尤　游　我对季太太说:这是个好事情，您应该高兴才对呀!

丁一行　有你这么安慰人的吗。

李进步　这个人最没素质了，季太太找他商量算倒了霉了。

尤　游　我说：季副校长的8页纸可以卖到5000块钱，如果是我尤游的8页纸，放在那里，白送人也没人要啊。

李进步　那是。

尤　游　为什么？第一，季副校长的社会地位；第二，它不仅仅是一份简单的交代材料，它还原了那个时期高校招生中的一些情况，因此这份材料具有一定的史料价值。售卖者正是看中了这二点，他才敢于开出如此高价。

李进步　那又怎么样？

尤　游　你想怎么样？

李进步　去学校讨个说法，查查这东西是从谁的手里流出去卖钱的。

尤　游　时间太久了，中间经历了很多人事，已经无法查清。

李进步　就这么搪塞人家？

尤　游　对不起！对不起！一百个对不起！除了“对不起”你什么都得不到。要我说，这是非常时期一桩稀松平常的事情。好在文字里没有男女苟且，也没有揭发陷害他人，它只是一份工作经办过程的问题交代，不仅不会对作者有伤害，反而让人了解到了作者的身价，未尝不是一件好事呀。

丁一行　我想起来了，在拨乱反正时期，我曾经参加过单位人事档案的整理工作。我们把历史上那些不实的交代、检查材料从个人档案中抽出来，我记得最后全都送到废品收购站卖钱了。

李进步 总有一些有心人会抓住商机的。

尤　游 我对季太太开玩笑说：您回家再找找，看看还有什么文字可以拿去换钱。听我这么一说，她完全释然了。

丁一行 你这样解释得有道理。

尤　游 一些事情，纠结上了，摆脱不掉，就会让人痛苦不堪。有时候换个角度去思考，放宽心胸，眼前豁然开朗。

高兴

丁一行 今天你去儿子新家，怎么样？

李进步 太漂亮了，我一辈子都没有奢望住上这么好、这么大的房子。

丁一行 一定花了不少钱吧？

李进步 他们把我和他妈妈为他们结婚买的家具和日用品全都换掉了。一屋子全是新的、高级的东西。

尤　游 现在的小孩，能换最好把爹妈也换了。

李进步 他们还是保留了一只老樟木箱子，说是爸妈送的，要留作永远的纪念哩。

丁一行 我看你好像很疲倦的样子。

李进步 没有啊。坐车坐得有点累了。

尤　游 没有不高兴？

李进步 高兴，我是真高兴啊。儿子一家能过上体面的日子，我这当父亲的能不高兴吗？

我们上去看风景

茜茜公主

（尤游从外面进屋）

丁一行 中午吃饭你去哪里了？那么长时间也不见你个人影。

尤　游 我在院子里溜达，正好走到西餐厅门口，就顺便进去把午饭给解决了。

李进步 开洋荤了。

尤　游 不是开洋荤，是开洋眼了。

李进步 怎么？

尤　游 我刚坐定，一个人走了进来，你们猜猜是谁。

丁一行　这个怎么猜得出来。你说嘛。

尤　游　上官茜茜。上官老太太。

李进步　噢，那位自我感觉特好的老太太。

尤　游　老太太不但自我感觉好，而且还挺有腔调的。

李进步　什么腔调?

尤　游　老太太一进门，服务员们立马兴奋起来了。一位服务员殷勤地走上前迎候道：“欢迎茜茜公主。”一位服务员替她脱下身上的大衣挂好。另一位服务员拉出座位来伺候她坐下。

李进步　哟，这是什么情况?

尤　游　我和上官老太太邻桌而坐，她看我有些疑惑的眼神，就笑着解释说，她是在训练这些服务员。她说，吃西餐要有吃西餐的讲究，诸如怎样迎客，怎样摆盘，怎样上菜都有一套基本的规范，虽说这养老院的西餐厅有很多东西都做不到，但作为工作人员至少也应该对此有所了解。她说进门处的那几个挂衣钩就是她吩咐安上的。

丁一行　说的有道理。看来她是精通此道的。

尤　游　上官老太太说，她的爷爷是外交家，父亲是某外贸机构长驻国外的高级职员，她的家庭是很西化的。她从小就是在这种家庭环境中长大的，耳濡目染，所以是很在意这些规矩的。

李进步　她都吃了些什么?

尤　游　也就是一般的东西。一盘炒意面，一份浓汤。她说这里做不出什么好东西来，不过她还是会隔三岔五来，就是为了找个感觉。

丁一行　也是。

尤　游　就餐期间她不停地和服务员互动，问这要那的；服务员一口一个“茜茜公主”应酬她，喊得她心花怒放。她说，从小她家庭的所有成员都是这么叫她的。看得出，她很享受这个称呼。

李进步　她是在回忆她的所谓贵族生活。

尤　游　她当场买了很多西点，她说，她血糖高，吃不了甜的，这些都是送人的：护工、管家，还有打扫卫生的清洁工，只要对她好的人，她都送。我问：是不是她们都叫你“茜茜公主”？她说是啊！

李进步　叫“茜茜公主”就送？

尤　游　临走她把一包点心留在桌上，对服务员说：大家分了吃。

李进步　噢，算付小费。是蛮有腔调的。

尤　游　我在想，她在被人喊“茜茜公主”的那一刻，仿佛又变成了被人宠爱和呵护的少女，那是人生中最值得怀念的时光。如今岁月将少女变成了老妪，但是改变的只是面貌和身体，她的那颗心还依旧玲珑，还需要时不时被人叩击，产生清脆的震荡，以此来延续生活的意义。同样的心境我们或多或少也会有那么一点的。

念想

丁一行　老栾请我们大家吃巧克力。

李进步　有什么喜事吗?

丁一行　他说今年他孙子的个子已经长得超过他了，他一高兴就拿出东西来招待大家。

尤　游　他孙子不是在国外读书吗。回来啦?

丁一行　没回来。每年圣诞节他都要叫孙子把身高的尺寸告诉他，他就在门框上做记号。刚才他做记号时发现孙子的身高已经超过自己了。

李进步　他孙子不是在念小学吗，怎么长那么高?

丁一行　他孙子走的时候已经在读小学了，他们有5年多没见面了，现在应该在念中学了，小孩子长得快。

李进步　哟，时间过得真快呀!

丁一行　老栾的这个孙子是他们老两口从小带大的，宝贝得不得了，这一走，有5年多没见面了。老栾说，他经常会去摸摸门框上的那几条横线，就好像抚摸着孙子的脑袋。

尤　游　想想他画横线的样子蛮有画面感的：孙子长得真快呀，多日不见已经长到我的下巴处了；才一年就长到我的嘴唇高了；哟，今年长到我眼睛部位了；这是怎么啦？他一下子窜得比我高了！

丁一行　老栾夫妻蛮可怜的，只能对着虚线念想着孙子的身高。

李进步　是蛮可怜的。

尤　游　没什么好可怜的。对于他们来说心里还有个念想，内心还是充实的。有的人连个念想也没有，那才是真正的可怜。

真老了

李进步　要不要过圣诞节，院里老人有不同意见。

尤　游　人多嘴杂，对任何事情都不可能达到完全一致。

丁一行　一般会有三种意见：赞成、反对和无所谓。

李进步　就像我们这三个人：老尤赞成，我反对，老丁无所谓。

丁一行　没有必要统一意见，你愿意过节就趁机找找乐子，不愿意过就早点关灯睡觉。我对圣诞节的态度是，投身参加庆祝活动没太大的兴趣，但作为旁观者看看倒也不错。

李进步　我们的老祖宗对圣诞节早就有预见：太用心了就是“怪”。竖心偏旁加一个圣字，就是怪——“怪诞节”。

丁一行　亏你想得出来。

李进步　看着国人热衷过洋节，心里总是那么怪怪的。

尤　游　你心里不舒服就赶紧吃药，或者去闷头睡觉。

李进步　我不能看着你们崇洋媚外、得意忘形的样子不发表意见。

尤　游　你是意识形态作祟。想想蛮有意思的，原本一件很平常的事情，偏要戴有色眼镜并且反着去看待它，弄得自己的心里不舒服不说，还要极力把别人也弄不舒服了。身体机能老些，还不算太老，如果思想意识也老了，那是真的老朽了啊！

计划

尤　游　明天是元旦，我想为明年安排一个计划，我要做八件事情。

丁一行　第一件？

尤　游　自编自演一个节目，参加养老院明年的春节联欢会。

李进步　说话算话。好。

尤　游　第二，去一趟西南边境，看望长眠于荒岭的战友。

丁一行　有情之人。

尤　游　第三，乘海轮，去远处看看大海。将来那是我灵魂安葬的地方。

李进步　也不怕鲨鱼？

尤　游　第四，去澳大利亚。

李进步　我们一起去。

尤　游　跳伞。从八千米的高空飞下来。

李进步　那我不去。

丁一行　第五件?

尤　游　我们三个老头拍一张合影照。

李进步　现在就可以拍，手机分分钟搞定。

尤　游　上影楼。我们都穿上西装系上领带，拍张正式的。

李进步　烧钱啊?

丁一行　有点意思。多年没上影楼了。怀旧。

尤　游　老李不去我们两个人拍。

李进步　我又没说不去呀。

丁一行　第六件?

尤　游　去做个文身。

李进步　老家伙，你也太过新潮了吧?

尤　游　在手背上纹个二维码。哪天我独自出门摔倒了，路人用手机扫一下:"噢，这是个好老头，不会讹人，赶紧送医院。"

李进步　你摔倒时别忘记把手背抬起来，好让路人看见。

尤　游　第七件，去一家曾经给我留下美好记忆的酒店，请儿子全家，再把我前妻邀来住上一整天，聚一聚。从此往后，过去的一家人再也不会同时相见。

李进步　你前妻的现任丈夫就不会有想法?

尤　游　你以为都像你啊?

李进步　不是我才会这样想，所有的男人都会想的呀。

尤　游　我说的不是同床共枕，而是聚一聚。你没有听明白吗？

丁一行　我能理解。还有最后一件呢？

尤　游　没意思，我不想说啦。

没有故事

李进步　你不说，我帮你说吧，写一本回忆录怎么样？

丁一行　好主意。现在正时兴写书、出书。

尤　游　凡夫俗子。涂脂抹粉，顾影自怜。写了也没人看。

丁一行　能写出来也不简单。

李进步　老尤你写，我要一本。

尤　游　要它干嘛，你拿去当锅垫啊？

丁一行　我是真的很想听听你老尤的故事。

李进步　我也是。

尤　游　你们是想让我自扇耳光？太坏！

丁一行　我说的是真心话。

李进步　我也是。

尤　游　人生一世，都会有一些故事，有些故事在人活着的时候就想让人知道，有些故事在人死后才会慢慢让人了解。

李进步　你属于后一种？

尤　游　我例外。没有故事。

生命的距离

李进步　人生是 60 岁之前十年一个样，60 岁之后一年一个样，70 岁之后一月一个样，80 岁之后一天一个样。

丁一行　90 岁之后没了样。

尤　游　我知道自己距离生命的终点还有多远。

李进步　也许马上，也许将来，没有人能知道。

丁一行　胡乱瞎想。

尤　游　我还知道我们三人到死亡终点的物理距离一样长。

丁一行　你不要吓我。

李进步　神经病。

尤　游　刚才我去院子西北角的“临终关怀室”打探了一下，从这里到那里的直线距离，我步量了一下，大约 280 米。

感触

尤　游　你们说住养老院这么多年，最大的感触是什么？

李进步　我感觉时间过得太快了。你们看，刚来的时候有的管家还是小姑娘，现在都做上妈妈了；有些年纪大些的也当上外婆了；还有，再过几年我也会变成太爷爷了。你们说吓人不吓人啊！

丁一行 我觉得我们的生活有点像那种轨道式日式自助料理。我是一个被放在盘子里的寿司，在慢慢旋转的转轮上行走，眼看着身边的盘子被食客一个一个地拿走了，又不断有新的盘子被放上来，就不知道什么时候会轮到自己。

尤　游 这时的顾客真的就成上帝了。

丁一行 就希望上帝晚点看上我。

李进步 在养老院想得最多的就是一天一天离死亡越来越近了。院子里那位90多岁老太太，每天还在强撑着走路锻炼，走一步拖半步，老态龙钟，颤颤巍巍，似乎站在生命的悬崖边缘作最后的挣扎，看着也觉得可怜。

尤　游 在这点上我和你们的感觉是一样的。和同一年龄段的人生活在一起，眼看着人们陆续走向生命的终点，自己的脚步又无法放慢，真是“无可奈何花落去”了。

李进步 嗨，想多了没用。该吃，吃；该喝，喝；该睡，睡；该做啥，做啥。

丁一行 对，不去多想。

尤　游 你再怎么豁达或规避，我们都逃不离这片阴云。

时光啊，你慢些走

胡扯

尤　游　现在有科学家在研究，通过改变人类的基因，来延长人的寿命。据说将来人可以活到 120 岁，甚至 150 岁。

丁一行　人为的延长寿命不好，真要是那样，地球会被人类撑爆的。

李进步　人类可以到外太空去发展嘛。

尤　游　问题来了：什么人适合留在地球，而什么人要去外太空生活?

李进步　科学家可以去，害怕战争的可以去，对花粉有过敏症的可以去，想去的人都可以去。

丁一行　反正我是不会去什么外太空的。

尤　游　让你的孩子去。必须去。就像当年上山下乡一样，如何?

李进步　不行不行，上山下乡万万行不得。

尤　游　所以把人发往外太空居住是行不通的。

李进步　就用老办法：计划生育。把地球人口控制在一个合理的范围内，这样我们就都不要去外太空了。

丁一行　噢，人为控制新人的出生，就是为了让我们这些老家伙多活几年，这样不好吧？

李进步　没什么不好的。我们活了那么多年，对地球有感情了，而那些还没有出生的，也不懂生命为何物，世界为何物，他们的愿望还没有生成呢。

尤　游　要是旧的都不肯去，新的也就来不了了。

李进步　最简单的办法：让有用的留下，没用的走人，实行合理调节。

丁一行　什么人有用，什么人没用？

李进步　首先是科学家、医生、教师，他们是科学与技术的拥有者。人类发展要靠他们。

尤　游　大部分教师要剔除在外。因为孩子少了，用不了那么多的老师。

李进步　其次是文学家和艺术家。人类文明要靠他们。

尤　游　艺术家决不考虑。哪个要看老太太跳舞、演戏？再说太老的乐手也拉不了琴弦。

丁一行　如此一来，还没等到“调节”，争斗、阴谋，甚至打仗也会把人给折寿的。还想活百年？门都没有。

尤　游　老李的论调不稀奇，是臭名昭著的“垃圾人口论”翻版。应该批判。

丁一行　跑题了。刚开始，我们在谈改变人类基因的话题。

李进步　我们全都是在胡扯。

赚了

李进步　看来我也要做一个20年的经济计划，把晚年生活安排好。

丁一行　四个五年计划？厉害。

尤　游　怎么做?

李进步　把现有财产和预期收入做一个分配，逐年消耗，最好到死的那天用完。

丁一行　你知道自己能活多久?

李进步　计划，懂吗？早死，儿子赚了。晚死，我赚了。

尤　游　你赚了，社会就亏了。

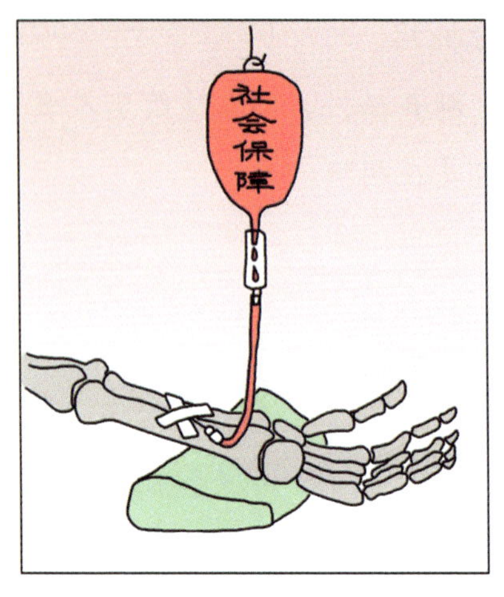

徒劳之举

走出精彩

李进步 那年家父82岁，某日他和几位同学相约吃饭。席间大家感叹身体一天不如一天，那天的饭局大有“最后的晚餐”式的悲凉。

丁一行 那一天谁都逃不掉。

李进步 之后，家父数着日子过，每天大多数时间都是干坐着，也不再与外人联系。

尤　游 看看谁能熬到最后。

李进步 一年后的某天，家父赴宴邀，竟是其中一位同学的婚宴。老同学娶了一位60多岁的新太太。

丁一行　枯木发新枝。

李进步　打那以后家父也像换了一个人，心态积极了许多，精神也好了。

尤　游　也打算为你找一位后妈?

李进步　他把堆在阳台上搁置了很多年的花盆全都翻了出来。又弄来新土和花苗、花种，全部都给种上。他每天要花很多时间来莳花弄草。后来父亲的兴趣越来越大，竟玩起了盆景。他交了几个同道好友，一起切磋、欣赏。这一玩就将近 10 年，玩到在圈子里小有名气，得到了大家的尊敬，他也自信满满。

丁一行　哪怕生命还有最后一米，也要走出精彩，走得漂亮。

珠穆朗玛

父亲

尤　游　我没有你们的福气，你们都有个好父亲。我父母亲生了我们弟兄五个，父亲一直想要一个女儿，最后也没有得到。父亲脾气暴躁，酗酒、抽烟、打孩子、骂老婆，在家是一个十足的暴君，出了家门则窝囊透顶。

丁一行　应该是生活得不容易。

尤　游　我们弟兄几个既恨他，又怕他，还可怜他。

李进步　最让人同情的应该还是你们的母亲。

尤　游　我直到现在还没有想明白的是，我母亲无论学历、家庭出生还是职业背景都要比父亲优越得多。在家她全力伺候丈夫、精心照顾孩子，不知道父亲凭什么要那样对待她。

丁一行　自卑会让人发狂。

尤　游　没见过我母亲那么好的脾气，父亲再怎么不讲理，她也不生气、不吵架，最多当着我们的面嗔怪一句："这个老头子老不懂事的。"每到这时父亲的火气也就缓和下来了。

李进步　吵架一个人是吵不起来的。

尤　游　我实在受够了，有一次我私下对母亲说："妈妈，你和他离婚吧，我跟你过。”

李进步　你妈妈怎么说？

尤　游　她听了差点笑岔了气，说：“孩子，你爸爸很顾这个家的，你现在不懂，等长大就知道了。”

李进步　你现在知道了吗？

尤　游　不太知道。不过，我母亲临终的时候，父亲紧紧抱着她悲痛欲绝，我从没见过一个男人哭得如此凄厉、绝望。原本身体很好的父亲不久就病倒了，不到三个月就随我母亲去了。

丁一行　只有你母亲最了解她的丈夫。

反省

尤　游　我这辈子做过很多错事。现在老了，时不时想起来，还是很后悔的。

李进步　大家都是凡夫俗子，孰能无过。都过去了，就不要再揭那些令人不愉快的疮疤了。

尤　游　还是讲我当兵打仗的事情。一次战斗，我们向敌方阵地冲锋，所有人都在不顾命地向前冲，我回头看见一个战士朝着相反的方向跑。我命令他回头，他却向我解释着什么。我不听他的解释，朝他开了一枪，打在他的胳膊上。

丁一行　你是真打啊?

尤　游　打仗的时候，你向前，还有活下来的可能。你要是敢退缩就只能死亡。

李进步　后来呢?

尤　游　后来，他带着我给他造成的枪伤，冲向敌方阵地，他后来的表现很勇敢。

丁一行　那他为什么一开始要逃跑呢?

尤　游　他跳出战壕后发现把手榴弹袋落在猫耳洞里了，他想回去取。他在牺牲前告诉我这个情况。那射向他的一粒子弹仿佛一直留在我的身上，至今一想起来就隐隐作痛。

丁一行　有一件事情一直压在我的心头，难以释怀。以前我从没有对人说起过，今天干脆把它吐出来。念高中时，我是班级的团支部书记。我家和一位姓成的同学家住得很近，每天放学我们走的是一路。他父亲开着一家小工厂。有一次在回家的路上，我们闲聊中，他埋怨他家雇佣的工人不好好干活，很会偷懒。

李进步　人人都想着少出力多拿钱。只有把制度健全了，想偷懒的才懒不起来了。

丁一行　在一次团支部召开的批评和自我批评会上，我拿这件事情对成同学进行了批评。没想到的是，这次批评，给成同学造成了一生无法挽回的恶果：他的功课很好，本来完全能够考上好的大学，就因为他的这个言论，没有收到任何大学的录取通知书。后来他离开了上海，从此再也没有了他的音讯。这件事让我非常非常内疚和悔恨。是我伤害了他。

尤　游　不是因为你，而是时代耽误了成同学的人生。

【壹月】

谦让

丁一行　时间过得真快，下个月又要过年了。

尤　游　老李送给我的红短裤还没有穿坏呢。

丁一行　到时候我再给你们两个过生日。

尤　游　今年两个人的生日都放到大年三十吧。我和老李一起过。

李进步　不。还是放在大年初一过。新一年的开始，更有意义。

丁一行　你们不争啦？

尤　游　小弟让着老哥应该。

李进步　老哥照顾小弟更应该。

不想去

李进步　对面5楼的那位老先生搬走了。

丁一行　你怎么知道的?

李进步　他阳台上养的那几盆花没人料理，枯萎很久了，前几天全都被人搬走了。

……

丁一行　今年养老院送走了好几位老人。

李进步　不知道哪一天会轮到我?

丁一行　想那么多干嘛?过好每一天。

李进步　想想有点害怕。

尤　游　怕什么?也许那里真是所谓的极乐世界。没有痛苦，没有争斗，没有贵贱，不用担心会再死一次。也许到了那里我们还会后悔为什么不早一点过来呢。

李进步　再好我也不想去。

回光返照

尤　游　我有一种奇妙的感觉，这几天我的身体突然变得轻盈起来。

丁一行　春天快要来了。

尤　游　记忆力也好了，想起了从前的很多人和事。

李进步　回光返照。

涅槃

画面

丁一行　阳光下，一位年纪很老的儿子在为他更老的瘫痪父亲梳理头发。儿子戴着老花眼镜，脸几乎凑在父亲的头皮上，他轻轻地、慢慢地，一遍又一遍地将木梳从父亲稀疏的白发中划过。他不是在梳头，更像是在精心打理那几根珍贵的银丝银线。老父亲闭着眼睛享受着儿子的亲抚。

李进步　阳光下，一位女儿将身体蜷缩的老母亲抱在怀里，就像母亲抱着孩子。女儿的脸紧贴着母亲的脸庞，她在向母亲娓娓讲着什么，母亲的眼里满是温情。

尤　游　阳光下，一对老夫妻手拉着手坐在长椅上，他们轻声吟唱着俄罗斯歌曲。阳光洒在两张幸福、满足的脸上。此刻他们是沉浸在初恋的喜悦，还是对那个激情年代的回忆中？

丁一行　阳光下，妻子帮助患脑梗疾病的丈夫做身体康复训练。她扶着他，一遍又一遍地喊着口令，指导丈夫抬脚、迈步。有时他想偷懒，她会责怪地在他的屁股上拍打一下，就像妈妈拍打自己的孩子。

尤　游　阳光下，一群老人像雕像一动不动地坐着，没有对话，甚至没有眼神的交流，安静得几乎可以听见他们无力的脉搏跳动声。你似乎能够感觉到在这里生命正在悄悄地流走。再过一些年，我们也许也会成为“雕像”中的一员。

李进步 冬日里，洒满阳光的幸福养老院里经常会出现温和、温馨、温情，这些令人感动的画面。

告别

尤游半夜按铃呼救，被紧急送往医院重症病房。不治。

丁一行和李进步收到尤游生前托人转来的口述遗书。

尤游的遗嘱

这最后的280米恐怕我走得太快了。能以这种方式告别也好，免得我再看到老李那活蹦乱跳的样子心生嫉妒。

计划赶不上变化，那些想做还没有做的事情与我渐行渐远。无奈。

人生最后的日子能和二位老哥同处一室是我的幸运。遗憾你们再也当不成我的证婚人和伴郎了（笑）。

委托你们将我的全部遗产交给我的儿子——别笑，我是俗人。

拜托帮我照料好那棵香椿树。有空给它施施肥、松松土，春天，掐几枝嫩芽，是不错的时令蔬菜。

要不将我的尸体从高楼楼顶抛下，让我尝试一次飞跃的刺激？太夸张了。还是请医学院把我这个“凡夫俗子”拖去，给学生们扒拉扒拉。这样简单些，省掉了那些无聊的仪式（不是玩笑，必须照办）。

在那边我还住在333室。我等你们。可不要急着过来啊！

（另：在我抽屉里有一个大信封，里面是我写的东西，原本要拿出来在春节联欢会上献丑，现在只好食言了）

从此不相见

明白了

丁一行　我见到老尤的前妻了。

李进步　她怎么说？

丁一行　当初是老尤坚决和她离婚，并且自己净身出户。

李进步　为什么？

丁一行　1979年部队作战，老尤下身受过重伤……

李进步　不要说了，我全明白了。

丁一行　老尤后来也赚了一些钱，他每年都要拿出一部分来帮助牺牲战友的贫困家庭。

李进步　这老尤啊，高深莫测。

丁一行　是个不雅也不俗的好人。

自我

（丁一行从尤游的抽屉里拿出一个大信封）

丁一行　信封在这里。

李进步　哦，快打开来看看。

（丁一行打开信封）

丁一行　哇，这是老尤写的一首诗。

李进步　快念来听听。

丁一行　诗的题目叫《她》。作者尤游。

我不是独自一人，
每天都和一个名叫“她”的影子在一起，
不光是每一天，
而是每一时、每一秒，
吃饭、睡觉甚至沐浴。
直到将来我消失的那一刻，
我和“她”才会化作烟氤，
飞去寻找另一个她和我。

我不是独自一人，
深秋夜晚的凉气侵入骨髓，
浑身禁不住打一个抖颤。
细雨中，我独自在街道上漫步，
街灯在我的左边，
“她”在我的右边，
胳膊紧紧地搂着我的身体，
为我遮挡来自北边的雨寒。

我不是独自一人，
多少个漫长的深夜，
折磨人的安静，
让我无法入眠。
是“她”耐心倾听着我的絮叨，
直到睡神重新进入我的身体。

我是一个孤独者，
我把自己关在屋里，
整日整夜听不见旁人的声音。
因为有了“她”的安抚，
我才过的悠然自得、心静如水。
“她”时时为我带来世道的讯息：
天空的奇景深邃久远，
神秘而不可企及的梦想；
峻峭的高山、汹涌的大海，
炎凉世态变幻无常；
广阔平原和不息的河流，
在我的心胸可以全部装下。
唯有那一年四季的色彩转换，
才是我心仪并且向往的自然法则。

我是一个孤独者。

孤独让我变得丝毫不会感到孤独，
哪怕用绳索将我的手脚牢牢捆住，
“她”仍可伸展四肢，
跳一段无拘无束的原始舞蹈；
孤独让我变得丝毫不会感到孤独，
纵然用胶带封住我的嘴巴，
“她”仍可放喉高歌，
唱一曲酣畅淋漓的咏叹调；
孤独让我变得丝毫不会感到孤独，
即使把我关进囚笼，
“她”仍会展开有力的翅膀，
在蓝天和大地间翱翔远眺。

我会与“她”促膝谈心，
聊到辛酸处“她”会为我擦去伤心的泪珠。
我会为偶尔的成功放肆狂喜，
“她”只会站在远远的地方凝神思索，
使我不敢上前、更不敢亲近。
“她”那美丽而朦胧的面容时不时占据着我的心灵，
为我灰暗的情感涂上金色的阳光。

有时候“她”不见了，
冷黑的空间吞噬了“她”的身体？

不，是“她”进入了我的身躯，
我们相互偎依、相互取暖；
有时候“她”不见了，
漫浸的光霾淹没了“她”的躯干?
不，是“她”的灵魂与我的灵魂彼此相融。
我仰躺在“她”的荫庇下享受独自的清凉。

我不是一个孤独者，
我有“她”的相伴，
还有“她”的牵挂。
“她”会一直伴我到永远，
使我不再寂寞不再孤单。
“她”不是虚构的人物和幻觉影像，
“她”是实实在在的存在，
“她”有一个再普通不过的名字，
这个名字遍布人类的各个角落，
“她”叫“自我”。
有一天“她”真的不见了，
我也就不见了。

李进步　没想到他还会写诗。

丁一行　他再也不能登台亲自朗诵了。

李进步　（哽咽）我听到老尤浪漫的故事了……

送行

（丁一行取出茅台酒）

丁一行 老尤一定不希望我们哭丧着脸来送他……来，我们干杯，要笑着为他送行！

李进步 对。笑着为他送行！

（二人大恸）

泪别

无题

李进步 一大早，窗台上的那群麻雀来过又飞走了。

丁一行 以后再也不会来了……

（两人看着尤游空了的床位）

李进步 不知道下一位来的会是谁……

图书在版编目（CIP）数据

三个老头一台戏：我们的养老院生活 / 周密著、绘. -- 上海：上海文艺出版社, 2022
ISBN 978-7-5321-8436-1
Ⅰ.①三… Ⅱ.①周… Ⅲ.①纪实文学－中国－当代
Ⅳ.①I25
中国版本图书馆CIP数据核字(2022)第175514号

发 行 人：毕　胜
策 划 人：杨　婷
责任编辑：李　平　汤思怡
封面设计：汤　靖
排版制作：上海蓝鹰

书　　名：三个老头一台戏：我们的养老院生活
著　　绘：周　密
出　　版：上海世纪出版集团　上海文艺出版社
地　　址：上海市闵行区号景路159弄A座2楼　201101
发　　行：上海文艺出版社发行中心
　　　　　上海市闵行区号景路159弄A座2楼206室　201101　www.ewen.co
印　　刷：苏州市越洋印刷有限公司
开　　本：889×1092　1/32
印　　张：12.5
图　　文：394 面
印　　次：2022年10月第1版　2022年10月第1次印刷
I S B N：978-7-5321-8436-1/G.363
定　　价：88.00元
告 读 者：如发现本书有质量问题请与印刷厂质量科联系　T: 0512-68180628